Un temor santo

Libros de Christina Fox publicados por Portavoz

Los ídolos en el corazón de una madre

Un temor santo

Un temor santo

Cómo el temor del Señor te proporciona gozo, seguridad y paz

CHRISTINA FOX

EDITORIAL PORTAVOZ

La misión de *Editorial Portavoz* consiste en proporcionar productos de calidad —con integridad y excelencia—, desde una perspectiva bíblica y confiable, que animen a las personas a conocer y servir a Jesucristo.

Título del original: *A Holy Fear* © 2020 por Christina Fox, y publicado por Reformation Heritage Books, Grand Rapids, MI 49525, U.S.A.

Edición en castellano: *Un temor santo* © 2021 por Editorial Portavoz, filial de Kregel Inc., Grand Rapids, Michigan 49505. Traducido con permiso.

Traducción: Nohra Bernal

Las cursivas añadidas en los versículos bíblicos son énfasis de la autora.

EDITORIAL PORTAVOZ
2450 Oak Industrial Drive NE
Grand Rapids, MI 49505 USA
Visítenos en: www.portavoz.com

ISBN 978-0-8254-5978-8 (rústica)
ISBN 978-0-8254-6934-3 (Kindle)
ISBN 978-0-8254-7781-2 (epub)

1 2 3 4 5 edición / año 30 29 28 27 26 25 24 23 22 21

Impreso en los Estados Unidos de América
Printed in the United States of America

A Judy, mi suegra,
que me enseñó el gozo de temer al Señor
por encima de todo.

Estamos seguras: torre fuerte es Él

Torre fuerte es el nombre de Jehová; a él correrá el justo, y será levantado (Proverbios 18:10).

Cuando el temor llega como tormenta
    y ensombrece mi entendimiento,
me paralizo y agacho cual presa,
    confuso es mi pensamiento.

Me rindo sin siquiera empezar;
    peligros acechan en el camino;
incertidumbre, riesgo, tanto dudar.
    La vida en alto suspensivo.

Vivo observando la vida,
    viendo cómo pasa el tiempo
y cómo los miedos me consumen y controlan.
    ¡Cuánto anhelo ser libre!

Entonces abro tu Palabra y leo
    de Aquel bueno, lleno de gracia.
Es el gran YO SOY que me guarda y salva,
    y me llama ante su presencia.

Él sobre todo reina y domina;
    nada puede frustrar su voluntad, su plan.
La creación entera ante Él se inclina;
    arrebatarme de su mano nadie podrá.

Ante Él se disipa, se encoge todo temor,
    al poder y señorío de Yahvé.
Si Él es nuestro supremo temor
    estamos seguras; torre fuerte es Él.

—Christina Fox

Contenido

Prefacio

Querida amiga:

¿Alguna vez has tenido una conversación inolvidable con alguien? Quizá para la otra persona no fue algo memorable, pero para ti lo fue, e incluso cambió el rumbo de tu vida. Yo tuve una conversación así con mi suegra.

Hace unos años, nuestra familia fue a un parque temático. Pasé gran parte de mi tiempo de pie en la salida de cada atracción, esperando que mis hijos terminaran y me contaran qué les había parecido. En algún momento, mi suegra y yo nos quedamos esperando bajo una montaña rusa. De manera informal comenté que, desde que tenía hijos, sentía que no me resultaba fácil tolerar las alturas. Con tan solo mirar la imponente estructura metálica hacia arriba se me revolvía el estómago.

Mi suegra comentó: "Yo era muy temerosa, pero desde que el peor temor imaginable se hizo realidad y Dios me sacó adelante, ya no me queda mucho qué temer".

Fue un breve intercambio que quizás habría olvidado si no fuera por el hecho de que yo tenía muchos temores en mi vida. No podía sacarme su comentario de la cabeza, y me motivó a considerar cómo sería una vida con menos temor. Me llevó a meditar en su viudez desde su juventud y en su testimonio de la gracia de Dios en su vida a lo largo de los años desde aquel suceso, de su fe y su confianza en lo que era Dios y en lo que Él había hecho. Y pensé en la manera en que una persona deja de temer circunstancias y cosas, y en lugar de eso confía en nuestro gran Dios.

Y eso me llevó a estudiar acerca del temor del Señor.

Este libro es acerca del temor. El temor es una emoción que todas conocemos en alguna medida. Si bien este libro trata algunos temores que experimentamos en esta vida, como el temor de sufrir daño o del futuro, el libro se enfoca en un temor superior, el temor del Señor. La Biblia nos enseña que, para vencer nuestro temor de cosas menores, debemos reemplazarlo con algo mayor. ¿Y qué puede ser más grande que Dios?

Puedes considerar este libro un tipo de teología sistemática acerca del temor del Señor. Examinaré lo que la Biblia enseña acerca del tema. Echaré un vistazo a lo que significa temer al Señor, por qué debemos temer al Señor, cómo crecer en ese temor, el fruto de ese temor en nuestra vida, las promesas de Dios a quienes le temen y cómo podemos reemplazar nuestros temores menores por el temor del Señor.

A quienes experimentan temor quisiera decirles: No somos seres solo físicos ni solo espirituales; somos seres compuestos y, como tales, cada aspecto de nuestro ser afecta al otro. Esto significa que nuestros temores pueden afectar nuestro cuerpo o viceversa. Las dolencias físicas que afectan nuestro estado de ánimo, los efectos secundarios de las medicinas, los cambios hormonales y la falta de sueño también pueden alterar nuestras emociones. Además, en el caso de las personas que han sufrido traumas, su cuerpo recuerda el trauma mucho después del suceso, y con frecuencia su pasado los atormenta. Cualquiera que sea la razón, animo a quienes se sienten presas del miedo que busquen la ayuda médica y el sabio consejo cristiano que necesiten.

Sin importar cuáles sean nuestras circunstancias, sin importar cuáles sean nuestros temores menores, todas necesitamos crecer en el temor del Señor. Acompáñame en este recorrido por la Palabra de Dios para estudiar a fondo y aprender lo que significa temerle.

Tu compañera de viaje,
Christina Fox

Cómo usar la guía de estudio

Al final de cada capítulo encontrarás las preguntas de la guía de estudio, que puedes usar de forma individual o en grupo. El propósito de la guía es ayudarte a profundizar en el contenido de cada capítulo mediante comentarios y análisis. La guía incluye pasajes adicionales para leer y comentar, así como preguntas para meditar y procesar el tema del capítulo. También te ayuda a pensar en maneras de aplicar lo que aprendes a tu propia vida a fin de crecer en el temor del Señor.

Para personas que estudian el libro de forma individual: Lee primero el capítulo correspondiente y luego aborda las preguntas de estudio. Si necesitas espacio adicional para escribir, contempla la posibilidad de usar un diario o un cuaderno para anotar tus respuestas.

Para líderes de grupo que usan la guía de estudio: Invita a tu grupo a leer por su cuenta el capítulo correspondiente antes de reunirse. Puedes usar esta guía de dos maneras: (1) Propón a las participantes que completen las preguntas en casa y las comenten durante la reunión; (2) pide a las participantes que reserven la guía de estudio para uso exclusivo durante la reunión del grupo. La decisión sobre cómo usarla dependerá de las participantes de tu grupo, de la cantidad de tiempo disponible para reunirse y de la dedicación de cada mujer en hacer las tareas.

Siempre empieza la reunión con las preguntas introductorias. Si el tiempo es limitado y no es posible abordar todas las preguntas, procura no saltar las que están marcadas con un asterisco (*), y termina siempre con conclusiones personales que las mujeres hayan aprendido de la lectura. Dedica tiempo al final de la reunión para orar juntas.

Si deseas hacer un estudio adicional para prepararte para el tema, considera algunos libros y recursos que se citan en las notas al pie de página. Algunos recursos clave son: *El gozo de temer a Dios* de Jerry Bridges, *Un tratado sobre el temor de Dios* de John Bunyan, *Triumphing Over Sinful Fear* de John Flavel y *Running Scared: Fear, Worry, and the God of Rest* de Ed Welch. Mi libro *A Heart Set Free: A Journey to Hope through the Psalms of Lament* es otro recurso útil para comentar los numerosos salmos que se mencionan aquí.

Capítulo 1

Una vida llena de temor

Lo recuerdo como si fuera ayer. Esa opresión en mi estómago y la forma en que parecía que mi corazón latía en mis oídos; la sequedad en mi boca y mis ojos con lágrimas a punto de derramarse. Parecía que el tiempo se hubiera detenido y tuve que pedirle que repitiera lo que acababa de decir porque su voz parecía venir de muy lejos.

Estaba en mi examen médico anual y, tras reportar mi fatiga y mi dificultad para regular mi temperatura corporal, mi médico examinó la parte anterior del cuello. Ella dijo: "Hay una protuberancia aquí en tu tiroides y necesitamos examinarla. Podría ser cancerosa". Luego explicó lo que esto podría significar y los pasos a seguir.

Después de eso vinieron exámenes y citas con especialistas, seguidos de más exámenes. En mi cabeza revoloteaban datos estadísticos y más complicaciones. Toda la incertidumbre, la espera y el bombardeo de tanta información me mantuvo nerviosa y tensa durante varios meses. Mi mente estaba abrumada con pensamientos como *¿Qué va a pasar?*, *No puedo* y *¿Debo* *hacer esto o aquello?* Al final, terminé sometiéndome a una cirugía para extirpar la mitad de mi glándula tiroides a causa de un tejido precanceroso. Sobra decir que la experiencia completa produjo mucho temor.

Temor. Una palabra que todas conocemos bien. Puede ser una emoción pasajera o una forma de vida. Nuestros temores nos quitan con frecuencia el sueño y nos carcomen durante el día, nos advierten acerca de peligros percibidos a la vuelta de cada esquina. Pueden paralizarnos e impedirnos vivir plenamente. Nuestros temores pueden regir nuestras decisiones, alterar la dirección de nuestros días y controlar nuestros corazones. Al final, nuestros temores pueden estorbar nuestra confianza y descanso en Dios.

Un mundo lleno de temor

Aunque resulta difícil imaginarlo, hubo un tiempo en el que no existió el temor. Hubo un lugar donde no había nada qué temer. En ese lugar no había gérmenes, enfermedad ni muerte. No había enemigos ni violencia. No existía nada parecido al fracaso, la pérdida o el futuro incierto. Si había bichos espeluznantes, no atemorizaban a nadie. Como nada malo sucedía, no había nada qué temer.

¿Dónde estaba ese lugar? En el *huerto del Edén*.

Cuando Dios creó el mundo, dijo que era bueno. Todo funcionaba como debía. Nuestros primeros padres, Adán y Eva, gozaron de una comunión perfecta con Dios y entre ellos. Disfrutaron de su obra como subdirectores de la obra que Dios había hecho. Conocían a Dios y eran conocidos por Él, hasta el día que desafiaron el mandamiento de Dios de no comer del árbol del conocimiento del bien y del mal. Con esto, el pecado entró en el mundo y con él la maldición de la muerte (ver Romanos 5:12). La respuesta inmediata de Adán a su pecado fue temor. Cuando Dios lo llamó y le preguntó dónde estaba, él respondió:

"Oí tu voz en el huerto, y tuve miedo, porque estaba desnudo; y me escondí" (Génesis 3:10). A partir de ese momento, este mundo se convirtió en un lugar lleno de temor, y todos hemos respondido del mismo modo que lo hicieron nuestros primeros padres: Nos hemos vuelto expertos en llenarnos de temores y procuramos escondernos de la vista de Dios.

Adán y Eva fueron expulsados del huerto y de la presencia de Dios. Los efectos del pecado en el mundo fueron inmediatos. Caín, el hijo de Adán y Eva, asesinó a su hermano Abel. La Biblia nos dice que ya en tiempos de Noé "la maldad de los hombres era mucha en la tierra, y… todo designio de los pensamientos del corazón de ellos era de continuo solamente el mal" (Génesis 6:5). La Biblia relata historia tras historia que deja ver los efectos de la caída en los corazones de las personas y en el mundo creado.

> Nuestros temores pueden regir nuestras decisiones, alterar la dirección de nuestros días y controlar nuestros corazones.

La caída explica la existencia del temor. Por causa de la caída, la amenaza constante de peligro, el caos, la pérdida e incluso la muerte nos atormentan cada día. Es una sombra permanente que nos sigue dondequiera que vamos. Y en un mundo caído no faltan las razones para sentir temor: terrorismo, ataques, pandemias, enfermedades incurables, esclavitud moderna, tornados, caídas en el mercado bursátil y más. Para complicar las cosas, podemos enterarnos de todo lo aterrador en un ciclo noticioso diario que se repite las veinticuatro horas del día y los siete días de la semana.

Antes de seguir con el tema, quisiera señalar que el temor es una emoción útil e importante cuando enfrentamos un peligro genuino, porque nos ayuda a reaccionar y huir de él. Es lo que nos saca de un edificio cuando hay un incendio o nos dirige al sótano cuando suena la sirena de tornados. El puritano John Flavel lo denominó "temor natural": "Todos experimentamos temor natural. Es el apuro o la agitación mental que surge cuando percibimos un mal que se aproxima o un peligro inminente. Aunque no siempre es pecaminoso, siempre es el fruto y el resultado del pecado".[1] En seguida, Flavel señala que nuestro Salvador, al tomar forma humana, experimentó temor natural. Un ejemplo de esto tuvo lugar la noche antes de ser traicionado: "Entonces llegó Jesús con ellos a un lugar que se llama Getsemaní, y dijo a sus discípulos: Sentaos aquí, entre tanto que voy allí y oro. Y tomando a Pedro, y a los dos hijos de Zebedeo, comenzó a entristecerse y a angustiarse en gran manera. Entonces Jesús les dijo: Mi alma está muy triste, hasta la muerte; quedaos aquí, y velad conmigo" (Mateo 26:36-38). Detente y piensa en lo que significa que Jesús viviera en un mundo lleno de temor. Él experimentó el miedo natural que todos conocemos tan bien. En el huerto de Getsemaní sudó gotas de sangre al pensar en los horrores de la cruz. Con todo, "por el gozo puesto delante de él sufrió la cruz, menospreciando el oprobio, y se sentó a la diestra del trono de Dios" (Hebreos 12:2). ¡Qué gracia tan sublime!

El temor que trataremos en este capítulo no es un temor natural, sino el temor que nos paraliza y que controla nuestros corazones. Es la clase de temor que se convierte en la norma en nuestra vida, una respuesta inmediata a nuestras circunstancias. Es la clase de temor que nos distrae y nos impide descansar y confiar en Dios y en su gran amor por nosotras.

Hablaremos de temores como en las siguientes situaciones:

- Tu esposo llega a casa del trabajo y te cuenta un rumor que circula en la oficina y que no augura nada bueno. Empiezas a preocuparte y temes por lo que pueda suceder si hay recortes de personal. ¿Cómo vas a pagar las cuentas? ¿Perderás tu casa? ¿Qué vas a hacer?

---

1. John Flavel, *Triumphing Over Sinful Fear* (Grand Rapids: Reformation Heritage Books, 2011), 8.

- Te invitan a trabajar en un proyecto de ensueño. A pesar de que es algo que siempre has querido hacer, empiezas a pensar en lo poco preparada que estás para ello. Es un trabajo mucho más exigente de lo que hayas hecho jamás. ¿Qué pasa si fracasas? Dudas si aceptar la invitación y empiezas a enumerar excusas para no participar.
- Tu hijo quiere ir a un campo de verano con sus amigos. Has oído comentarios muy positivos acerca de la experiencia y conoces a muchos niños que han asistido a él. A pesar de eso, tienes dudas. ¿Qué pasa si se enferma estando lejos de casa? ¿Qué pasa si se lastima? ¿Y si sucede algo terrible?
- Tu análisis de sangre anual arrojó algunos resultados inquietantes y tu doctor te deja un mensaje citándote para hacer más pruebas. De inmediato imaginas lo peor. Piensas en todas las cosas horribles que podrían suceder. Piensas en lo que sería dejar a tus hijos huérfanos. Antes de darte cuenta, tus temores se han apoderado de ti y te sientes asfixiada.

A veces, como sucedió con mi susto con el cáncer, nuestros temores pueden empezar como un miedo natural y convertirse en miedo pecaminoso. Por ejemplo, cuando mi hijo mayor era pequeño vivía enfermo todo el tiempo. Tenía infecciones crónicas que empeoraban su asma. Pasé muchas noches en vela administrándole medicamentos para la respiración, preguntándome si iba a mejorar. Durante varios meses fue como si estuviéramos cada semana en el consultorio médico.

Nos enviaron de un especialista a otro y, para cuando había cumplido cuatro años, el médico dijo que mi hijo necesitaba someterse a una cirugía de senos nasales. En ese tiempo ese tipo de cirugías eran muy raras en la población infantil por los riesgos que suponían. Para ser sincera, estaba aterrorizada. Muchas cosas podían salir mal. Me senté en la sala de espera del hospital llena de temor e imaginando todo desenlace catastrófico posible.

En ese momento me llamó una amiga y, sentada en el pasillo, le conté mis temores con lágrimas en los ojos. Ella oró conmigo por teléfono, tanto por mi corazón como por el resultado de la cirugía de mi hijo.

Es muy probable que estés familiarizada con esos temores. Todas experimentamos algún grado de preocupación cuando un ser querido enfrenta un diagnóstico o cirugía inquietante. Podemos temer el sufrimiento que vamos a experimentar. Podemos temer perderlos por causa de la enfermedad. Sin embargo, esos no son los únicos temores que experimentamos. Algunas temen cosas específicas, como viajar en avión o hablar en público. Algunas temen perder algo que es precioso, ya sea una relación, un trabajo o un sueño. Algunas temen al fracaso. Podemos incluso temer al futuro incierto.

Al examinar de cerca nuestros temores, vemos que están estrechamente relacionados con aquello que deseamos, atesoramos y valoramos. Están relacionados con nuestros amores y anhelos. A menudo tememos perder aquello que amamos. Nos damos cuenta de que nos aferramos más a lo que tenemos por temor a perderlo. Nuestros temores parecieran burlarse de nosotras, recordándonos nuestra vulnerabilidad y debilidad. Revelan nuestra necesidad y nos señalan que no tenemos el control sobre nuestra vida. Como escribe Ed Welch: "Siempre que se ama o se desea algo profundamente, se experimenta temor y ansiedad por la posibilidad de no obtenerlo. Cada vez que no puedes controlar el destino de las cosas que quieres o amas, percibirás miedos y ansiedades por la posibilidad de perderlos".[2]

Algunos temores parecieran ir y venir. La circunstancia aterradora pasa y con ella nuestros temores. Sin embargo, en ocasiones, algunas de nosotras no podemos dejar de pensar en las cosas que tememos. Nos sentimos temerosas aun cuando

2. Ed Welch, *Running Scared: Fear, Worry, and the God of Rest* (Greensboro, NC: New Growth Press, 2007), 28.

no hay razón alguna para estarlo. Luego empezamos a sentir el temor reflejado físicamente en nuestro cuerpo. Nuestro cuerpo nos dice que algo anda mal cuando aumenta nuestra frecuencia cardiaca, sentimos dolor de cabeza e incluso náuseas. Las palmas de la mano sudan y nuestra respiración se acelera. Nuestras preocupaciones y temores empiezan a interferir con el sueño y con nuestros hábitos alimenticios. Nos cuesta concentrarnos o quedarnos quietas. Con el tiempo, nuestra vida laboral y hogareña empiezan a verse afectadas. Esto se llama ansiedad, y es un problema que va en aumento en nuestra cultura. Cerca del 18 por ciento de los estadounidenses reciben tratamiento para la ansiedad,[3] el problema de salud mental más común en la actualidad.

Al examinar de cerca nuestros temores, vemos que están estrechamente relacionados con aquello que deseamos, atesoramos y valoramos.

Respuestas frente al temor

Con frecuencia nos sentimos indefensas frente al temor. No sé si para ti será igual, pero yo detesto ese sentimiento. Como resultado, mi tendencia es buscar alguna solución para mis temores, alguna manera de retomar el control sobre ellos. Estudio e investigo todo lo que temo, pensando que, cuanto más sepa, más puedo manejarlo y contenerlo. Luego trazo un plan y desarrollo soluciones para mis temores. Pongo mi esperanza y mi confianza en esas soluciones; echo mano de ellas para hacer mi vida cómoda, mejor y más segura.

Debido a las enfermedades crónicas de mi hijo cuando era pequeño, siempre tenía temores y estaba en guardia con respecto

3. Jamie Ducharme, "A Lot of Americans Are More Anxious than They Were Last Year, a New Poll Says", *Time*, 8 de mayo de 2018, http://www.time.com/5269371/americans-anxiety-poll/.

a su salud. Me preocupaba que se contagiara de las enfermedades que padecían otros niños. Temía las consecuencias a largo plazo de todos los medicamentos que tenía que tomar. Temía lo que pudiera suceder si no lográbamos controlar su asma. Hacía todo lo posible por mantenerlo sano. Investigaba soluciones en la red y en otras fuentes. Mandaba inspeccionar nuestra casa para detectar moho y quitar todas las alfombras. Usaba sin parar el desinfectante de manos y apartaba a mis hijos de otros niños que estuvieran enfermos.

Al final, esas soluciones se convirtieron en mi ídolo, aquello que yo adoraba en lugar de Dios. Puse mi confianza y mi esperanza en ellos. Ese es el problema con nuestros temores. Si bien el temor es una respuesta emocional normal ante la vida en un mundo caído, cuando controla nuestro corazón apartamos nuestra vista de Dios y solo nos enfocamos en las circunstancias que nos rodean. Nos enfocamos en el problema en lugar de enfocarnos en Aquel que reina sobre todas las cosas. Ponemos nuestra confianza no en Dios para socorrernos y rescatarnos, sino en las cosas, en los métodos o incluso en nosotras mismas. Eso es idolatría.

Sin embargo, esa no es la única manera como reaccionamos frente al temor. A veces el temor nos paraliza. Nos quedamos inmóviles ante él, como un venado que queda paralizado frente a un auto. Puede ser que enfrentemos una gran decisión en la vida y, puesto que tememos tomar la decisión equivocada, preferimos no decidir nada. La vida gira a nuestro alrededor, y nosotras simplemente nos quedamos donde estamos. O nos concentramos en los detalles de algo y no avanzamos hasta que lo vemos perfecto. Los repasamos una y otra vez porque queremos que todo salga perfecto la primera vez. Pasan los años y no hemos avanzado porque seguimos esperando la esquiva perfección.

Durante mi infancia tocaba la flauta. Aunque no era la mejor en eso, disfrutaba haciéndolo. Participé en la banda de la escuela y en mi iglesia. Cuando llegué a la universidad, el departamento de música ofreció clases individuales a quienes tocaban un instrumento. ¡Cuánto deseaba tomar esas clases! Pero el miedo me frenó. Temía no ser lo bastante buena. Temía lo que el profesor pudiera pensar de mí. Temía gastar dinero en algo en lo que nunca iba a sobresalir. Hasta el día de hoy lamento esa decisión.

A veces, nuestros temores, en vez de paralizarnos, nos hacen huir. A la primera señal de amenaza, huimos. Preferimos escapar y vivir en una isla desierta, lejos de cualquier peligro, que enfrentar aquello que tememos. En el estado actual de nuestra cultura es difícil no reaccionar de esa manera. Piensa nada más en todas las cosas aterradoras que enfrentan nuestros hijos cuando salen cada mañana de la casa: intimidación y violencia escolar, depredadores cibernéticos, sistemas escolares que quieren afectar su mente y una cultura posverdad que busca influir en ellos a cada paso. Es difícil no temer ese mundo. Es difícil no querer correr y esconderse. Aun así, ese temor hace que el mundo parezca más grande y más fuerte que el Dios que lo sostiene en la palma de su mano.

Reacciones como estas, tarde o temprano, fallan. Ya sea que intentemos controlar nuestros temores, que nos quedemos paralizadas o intentemos escapar de ellos, siguen ahí latentes, burlándose de nosotras. Siguen controlándonos. Siguen manteniendo nuestra mirada fija en lo que tememos en lugar de confiar en el Señor. Pero aquí no termina todo; hay esperanza para el corazón lleno de temor, y te la mostraré.

Veamos lo que dice la Biblia acerca del temor. Como podrás ver, tiene mucho para decir.

No temas

Aunque no he contado por mi cuenta todas las veces que las Escrituras mencionan estas palabras, los mandatos a no temer se consideran por lo general los más comunes. Tanto en el Antiguo como en el Nuevo Testamento, el mandato de "no temer" aparece en numerosas situaciones y circunstancias. Ya sea que se enfrente el temor ante una situación aterradora real, un peligro inminente o preocupaciones acerca de la provisión futura, el pueblo de Dios está llamado a no temer. Este mandato aparece con frecuencia en el contexto de la revelación divina, como cuando el pueblo de Dios recibía el llamado de pelear una batalla o cuando un profeta advertía acerca de un castigo inminente por causa del pecado. Esa clase de mandato tenía como propósito consolar al pueblo de Dios y animarlo a confiar en Él, como vemos en los siguientes ejemplos del Antiguo Testamento:

> Y Moisés dijo al pueblo: No temáis; estad firmes, y ved la salvación que Jehová hará hoy con vosotros; porque los egipcios que hoy habéis visto, nunca más para siempre los veréis (Éxodo 14:13).

> No temas, porque yo estoy contigo; no desmayes, porque yo soy tu Dios que te esfuerzo; siempre te ayudaré, siempre te sustentaré con la diestra de mi justicia (Isaías 41:10).

Antes de seguir, deberíamos hacer una pausa y pensar en el significado de este mandato, porque las palabras son importantes. Cada día usamos palabras sin pensar muchas veces en su significado. En muchos idiomas, las palabras tienen a veces varios significados y matices, según el contexto. Para empezar nuestro examen del temor del Señor, es útil ver cómo la Biblia usa palabras como *temor*, *preocupación* o *ansiedad*.

La palabra hebrea más común en la Biblia que se traduce temor es *yirá*.[4] Se emplea con la idea de "terror", como cuando la Biblia describe la reacción de los hombres que estaban con Jonás en el barco al quedar atrapados en una feroz tormenta: "Y aquellos hombres temieron sobremanera, y le dijeron: ¿Por qué has hecho esto?" (Jonás 1:10). También se usa en el sentido de "reve-

---

4. *Strong's Concordance*, s.v. "*yirah*", https://biblehub.com/hebrew/3374.htm.

rencia", específicamente en el contexto del temor del Señor: "El principio de la sabiduría es el temor de Jehová" (Salmo 111:10).

En el Nuevo Testamento, la palabra griega que se usó para temor es *fóbos*.[5] Significa "pánico", "fuga" o "terror". De esta palabra se desprende el vocablo *fobia*. Por ejemplo, cuando los discípulos vieron a Jesús caminando sobre el agua, reaccionaron con temor: "Y los discípulos, viéndole andar sobre el mar, se turbaron, diciendo: ¡Un fantasma! Y dieron voces de miedo" (Mateo 14:26). También se usa en el sentido de "asombro y reverencia", como en la descripción de Lucas sobre la iglesia primitiva: "Y sobrevino temor a toda persona; y muchas maravillas y señales eran hechas por los apóstoles" (Hechos 2:43).

Ya sea que intentemos controlar nuestros temores, que nos quedemos paralizadas o intentemos escapar de ellos, siguen ahí latentes, burlándose de nosotras.

Como resulta evidente, el contexto importa cuando se trata de la palabra *temor*. Cuando la Biblia nos dice que no temamos a algo, se refiere a terror o pánico. Cuando habla acerca del temor del Señor, se refiere a asombro o reverencia, lo cual exploraremos en el siguiente capítulo.

Dado que la preocupación excesiva y la ansiedad son primos cercanos del temor, es interesante echar un vistazo a la palabra griega que traduce ansiedad, *merimnáo*. Aparece en el Sermón del Monte donde Jesús manda que no nos preocupemos ni estemos afanosos por el mañana (Mateo 6:25-34) y también en Filipenses 4:6, cuando Pablo nos advierte acerca de no estar afanosos por nada. *Merimnáo* significa "estar ansioso, inquieto". Su raíz griega significa "estar dividido, fragmentado"[6]. Esto es

---

5. *Strong's Concordance*, s.v. "*phobos*", https://biblehub.com/greek/5401.htm.

6. *Strong's Concordance*, s.v. "*merimnaó*", https://biblehub.com/greek/3309.htm.

lo que nos ocurre cuando nos dejamos abrumar por la preocupación. Nuestra mente se distrae de todo lo demás salvo de nuestras preocupaciones. Estos pensamientos nos arrastran y dividen. Como escribió Flavel: "La pecaminosidad del miedo consiste en la influencia distractora que ejerce sobre el corazón por la cual nos impide llevar a cabo nuestros deberes".[7] En lugar de eso, Dios quiere que apartemos nuestra mirada de nuestros problemas y que lo miremos solo a Él, que pongamos nuestra confianza en Él para suplir nuestras necesidades.

Si bien podemos temer casi cualquier cosa, la Biblia menciona algunos temores específicos: el temor al hombre, el temor al peligro y el temor al futuro.

El temor al hombre

El temor al hombre es un temor muy común. Puede referirse a temer el daño que alguien pueda causarnos. La Biblia abunda en relatos del pueblo de Dios cuando temieron a otras naciones que en apariencia eran más grandes y fuertes que ellos. Cuando los espías fueron enviados a la tierra de Canaán para evaluar la situación en ese lugar, todos, menos dos espías, regresaron con un informe aterrador acerca de los gigantes en la tierra (Números 13).

En el temor al hombre también cabe el temor a lo que piensan los demás. Tal vez nosotras tememos lo que otros puedan decir de nosotras. Tal vez tememos su rechazo. Cuando tememos al hombre, queremos la aprobación y la alabanza de otros, y nos conformaremos y cambiaremos nuestro comportamiento con el propósito de recibirlas. Cuando Pedro rehusó comer con los gentiles, temió lo que los judaizantes pudieran pensar de él (Gálatas 2:11-13). Ed Welch dice que el temor al hombre ve a las "personas 'más grandes' (es decir, más poderosas e importantes) que Dios, y por causa del temor que eso produce en nosotras,

7. Flavel, *Triumphing Over Sinful Fear*, 17.

damos a otras personas el poder y el derecho de decirnos qué sentir, pensar y hacer".[8]

El temor del hombre luego se convierte en un ídolo que adoramos. Buscamos la afirmación y la aceptación de otros, considerando esa afirmación como lo que da valor y significado a nuestra vida. Sin embargo, cuando buscamos que personas caídas e imperfectas suplan nuestras necesidades, este ídolo tarde o temprano falla y nos decepciona. Con razón el libro de Proverbios advierte: "El temor del hombre pondrá lazo; mas el que confía en Jehová será exaltado" (29:25).

El temor al peligro

Puesto que vivimos en un mundo caído donde existen amenazas, la Biblia también habla acerca del temor al peligro. Cuando los discípulos navegaban en el mar de Galilea con Jesús, se desató una gran tormenta. A pesar de que algunos eran pescadores experimentados y estaban acostumbrados a las tormentas en el mar, se sintieron aterrorizados. Jesús estaba dormido, y ellos fueron a despertarlo.

> Y vinieron sus discípulos y le despertaron, diciendo: ¡Señor, sálvanos, que perecemos! Él les dijo: ¿Por qué teméis, hombres de poca fe? Entonces, levantándose, reprendió a los vientos y al mar; y se hizo grande bonanza (Mateo 8:25-26).

Como hemos visto, el temor abunda en este mundo caído. Ya sea que temamos un desastre natural, enfermedad y dolencia o enemigos violentos, siempre que la Biblia habla acerca del temor al peligro declara quién es Dios y lo que Él ha hecho. Nos recuerda que pongamos en Él nuestros ojos para recibir ayuda y protección. Cuando Jesús calmó la tormenta en el mar, observa que no se calmó gradualmente, como cuando una tormenta se

---

8. Ed Welch, *When People Are Big and God Is Small* (Greensboro, NC: New Growth Press, 2011), 23.

desplaza a otro lugar. En vez de eso, la tormenta se detuvo inmediatamente. Del mismo modo que apareció la primera luz en la creación por mandato de Dios, aquella tormenta se detuvo a la voz del Creador. La Biblia nos dice "Y los hombres se maravillaron, diciendo: ¿Qué hombre es este, que aun los vientos y el mar le obedecen?" (Mateo 8:27). En ese momento, ellos vieron que el Señor era más grande que todos sus temores.

El temor al futuro

En un sentido, todos nuestros temores son temores del futuro. Esto sucede porque al temor le gusta viajar en el tiempo, anticipar peligros posibles y advertirnos acerca de todo lo que podría salir mal. Al temor del futuro le preocupa si habrá suficiente para los días venideros: suficiente dinero, suficiente comida, suficiente tiempo, suficiente sabiduría, suficiente fuerza. Tememos las pérdidas y los fracasos futuros. Tememos no estar preparadas y no saber qué hacer en una situación determinada. Tememos lo desconocido.

Como he mencionado, Jesús mandó que dejemos de preocuparnos por no tener lo suficiente porque nuestro Padre celestial suple todas nuestras necesidades: "Así que, no os afanéis por el día de mañana, porque el día de mañana traerá su afán. Basta a cada día su propio mal" (Mateo 6:34). Como escribió Juan Calvino: "Los creyentes deben confiar en el cuidado paternal de Dios, esperar que Él les conceda lo que ellos consideran necesario y no atormentarse con ansiedad innecesaria".[9]

La Biblia no enseña que no debamos tener ninguna inquietud o preocupación. Hay una cierta medida de preocupación que es necesaria en esta vida. Debemos preocuparnos por asuntos diversos. Debemos levantarnos cada mañana y trabajar para alimentar a nuestra familia. Debemos preocuparnos por la salud de nuestros hijos y llevarlos al médico para que reciban

9. John Calvin, *Commentary on Matthew*, https://biblehub.com/commentaries/calvin/matthew/6.htm.

tratamiento cuando se enferman. Pablo describió incluso sus preocupaciones y afanes por las iglesias a las que ministró (2 Corintios 11:28). El problema es cuando esas preocupaciones se vuelven excesivas al punto que no confiamos en Dios para suplir nuestras necesidades futuras, y en ese punto nuestras preocupaciones se vuelven pecaminosas o nos llevan a confiar únicamente en nosotras mismas en lugar de pedir ayuda a Dios. Calvino comentó: "Él no prohíbe todo tipo de preocupación, sino solo la que nace de la desconfianza".[10]

La Biblia no enseña que no debamos tener ninguna inquietud o preocupación… El problema es cuando esas preocupaciones se vuelven excesivas al punto que no confiamos en Dios para suplir nuestras necesidades futuras, y en ese punto nuestras preocupaciones se vuelven pecaminosas.

¿Qué debemos hacer cuando experimentamos estos temores? ¿Qué hacemos cuando oímos rumores de recortes de personal, cuando un ser querido se enferma gravemente o el sueño por el que hemos trabajado tan duro pareciera derrumbarse? ¿Qué hacemos ante esos temores? Como veremos a continuación y estudiaremos a lo largo de este libro, la Biblia nos llama a apartarnos de nuestros temores y a volvernos a un temor superior.

Un temor superior

¿Alguna vez has expresado tus temores a alguien que te dio una respuesta trillada como "tienes que confiar más en Dios"? En tu interior piensas: "No es tan sencillo". También nos puede suceder que leemos las exhortaciones de la Biblia a no temer

10. Calvin, *Commentary on Matthew*.

como respuestas trilladas. Pero no debe ser así. Cuando Dios nos dice que no temamos, esto no se limita a decir que debamos creer más. No nos dice que solo necesitamos tener fe en que todo va a estar bien y que así será. Al contrario, Él nos llama a algo más grande, a *Alguien* más grande.

Además del mandato acerca de no temer, hay otro mandamiento que predomina en las Escrituras y que también tiene que ver con temor. Sin embargo, en lugar de tratarse de un mandato a no temer algo, es un mandato a temer. Es un llamado a un temor superior, un temor santo, el *temor del Señor.*

En Mateo 10, después que Jesús llamó a todos los discípulos a seguirle, dispuso enviarlos a predicar que el reino de Dios se había acercado. Les mandó sanar a los enfermos, resucitar muertos y echar fuera demonios. Les advirtió que algunas personas los escucharían y otras rechazarían su enseñanza. También les advirtió acerca de persecuciones futuras, que serían odiados y azotados y llevados a juicio. Es precisamente en el contexto de estas advertencias que Jesús también les enseñó acerca del temor del Señor:

> Lo que os digo en tinieblas, decidlo en la luz; y lo que oís al oído, proclamadlo desde las azoteas. Y no temáis a los que matan el cuerpo, mas el alma no pueden matar; temed más bien a aquel que puede destruir el alma y el cuerpo en el infierno. ¿No se venden dos pajarillos por un cuarto? Con todo, ni uno de ellos cae a tierra sin vuestro Padre. Pues aun vuestros cabellos están todos contados. Así que, no temáis; más valéis vosotros que muchos pajarillos (vv. 27-31).

Este pasaje nos enseña que el temor del Señor aquieta y debilita nuestros temores menores. Los discípulos debían reemplazar su temor a sufrir daño por parte de los hombres con un temor del Señor. Aunque el hombre pudiera causarles daños físicos, incluso la muerte, Dios tiene el poder sobre el destino de sus almas. Él es el Soberano que sabe cuántos cabellos hay en su cabeza. Él vela por ellos más que por las criaturas que cuida cada día. Dios es el único a quien deben temer.

La Biblia nos enseña que cuando sentimos temor debemos reemplazar ese temor con un temor superior, el temor del Señor. ¿Qué significa esto? Podríamos compararlo con la situación de una mujer abrumada por la preocupación debido a un ascenso laboral por el que se ha esforzado mucho tiempo. Ella oye rumores en la oficina acerca de otra candidata para obtener el ascenso. Ella siente temor y piensa: "¿Qué sucedería si no logro obtener el ascenso? He trabajado muy duro para ello. Quedaría atrapada en el mismo cargo para siempre". Entonces recibe una llamada de su mejor amiga que acaba de descubrir que su compañía se ha declarado en bancarrota y ella va a perder su trabajo. Entonces la mujer piensa para sí: "Al menos todavía tengo un trabajo". En este caso, ella considera que perder un trabajo es un temor mayor que perder el ascenso. La pérdida de su ascenso se debilitó frente a la posibilidad de no tener un trabajo en absoluto. De manera similar, cuando vemos a Dios más grande que aquello que tememos, nuestros otros temores se debilitan. Por ejemplo, digamos que enfrentamos algún tipo de incertidumbre laboral. Cuando tememos al Señor le recordamos a nuestro corazón que Dios es el dueño de todas las cosas. Todo lo que tenemos proviene de su mano generosa. Él es Jehová Jireh, nuestro proveedor. Él promete suplir todas nuestras necesidades. Y nosotras recordamos todas las veces que Él ha provisto en el pasado. Ante todo, descansamos en su provisión generosa de gracia para nosotras en Cristo. Cuanto más descansamos en quién es Dios y en lo que Él ha hecho, más se debilitan nuestros temores porque vemos a Dios superior a todos ellos.

Acompáñame en esta aventura de dejar nuestros temores menores a cambio de un temor santo, el temor del Señor. El primer paso es explorar lo que significa temer al Señor. Es lo que trataré a continuación.

Guía de estudio

Capítulo 1: Una vida llena de temor

Preguntas introductorias:

¿Qué clase de temores has experimentado en tu vida? ¿Cómo has respondido frente a ellos? ¿De qué maneras han afectado tu vida y tu relación con Dios?

Lee y comenta:

*1. Lee Juan 9:1-23. ¿Qué clase de temor tenían los padres del ciego?

Lee Génesis 12:10-20. ¿Qué clase de temor tenía Abraham?

Lee Jueces 6:11-16. ¿Qué clase de temor tenía Gedeón?

*2. Comenta acerca del temor al hombre, el temor al peligro y el temor al futuro. ¿Cuáles son otros ejemplos bíblicos de estos temores? ¿Con cuáles de estos temores has luchado?

*3. Comenta acerca de la fuente de temor. ¿De qué modo todos nuestros temores se remontan a la caída del hombre?

4. ¿Cuál es la relación entre la idolatría y el temor?

5. Comenta la relación entre nuestros temores y nuestros amores y deseos. ¿Cuáles son algunas respuestas que podríamos tener cuando vemos amenazados nuestros amores y deseos?

*6. Lee Mateo 26:36-44. ¿Qué siente Jesús cuando piensa en la cruz que le espera? ¿Cómo responde? ¿Qué te revela esto acerca de los temores naturales que experimentamos en la vida? ¿Qué significa para ti que Jesús experimentara un temor natural tan intenso en lugar de ti?

*7. Lee Isaías 41. ¿Cuál es la fuente de consuelo para el pueblo de Dios (ver vv. 8-9)? ¿Por qué no debían temer (ver vv. 10, 11, 13-14)?

*8. ¿Qué lecciones extraes de este capítulo?

Oración:

Pide al Señor que te ayude a detectar los temores menores en tu vida y te ayude a crecer en el temor de Él.

Capítulo 2

Teme al Señor

Una de las cosas que mi esposo y yo siempre hemos disfrutado es viajar juntos. Nos encanta explorar nuevos lugares y ver en directo lo que aparecía nada más impreso en artículos o fotografías.

Hace unos años fuimos de vacaciones al Parque Nacional de Yosemite al norte de California. Half Dome, una emblemática formación rocosa del parque, es una imagen que he visto incontables veces en fotografías a lo largo de mi vida. Sin embargo, verla en persona fue nada menos que extraordinario. El parque es inmenso y abarca unos 2500 kilómetros cuadrados.

Llevamos a nuestros hijos a varias caminatas y disfrutamos del clima fresco de la montaña en primavera. Nos maravillamos ante los árboles gigantescos cubiertos de musgo en varias tonalidades de verde. En una de esas caminatas pasamos por algunos puntos del sendero donde había profundas grietas hacia precipicios. Bastaba un traspié para caer cientos de metros a una muerte segura. No había señales de advertencia y mi corazón se detenía cada vez que pasábamos por uno de esos puntos.

Llegamos al final del sendero y vimos a un grupo numeroso

delante de nosotros que contemplaba el paisaje. Esperamos nuestro turno en la baranda para poder tomar una fotografía familiar. Cuando llegamos al lugar, pudimos constatar el gran abismo que había desde allí al bosque abajo, y que la baranda había sido instalada seguramente cuando el parque fue inaugurado en 1890. Se veía destartalada y débil. Empecé a sentir mareo y vértigo. Sentía los latidos de mi corazón en los oídos. No podía ver con claridad. Me alejé de la baranda y agarré con fuerza la mano de mi hijo para acercarlo a mí.

En la fotografía que tomamos aparezco con una mueca de dolor. Es una imagen que refleja con exactitud el dolor que sentía. Tenía miedo. Estaba emocionada de escalar en Yosemite, pero en el momento de contemplar el paisaje no pude mirar por temor a caerme.

Cuando meditamos en lo que significa temer al Señor, ¿es esto a lo que nos referimos? ¿Es terror y pánico? ¿Es ese sentimiento de estar de pie junto a la baranda con náusea, palidez y falta de aliento? ¿El temor del Señor es lo mismo que tener miedo, como estar aterrorizada de Dios y desear correr en la dirección opuesta?

El temor del Señor no es algo sencillo de definir. No es como buscar la definición de *temor* en el diccionario y encontrar una palabra o una frase que la explique. Tiene muchas capas. El temor del Señor es como un diamante con una superficie multifacética. Se necesitan muchas palabras para describir los diferentes aspectos que comprende el temor del Señor. De hecho, es más fácil describirlo que presentar una simple definición. Esa será nuestra exploración en este capítulo.

El temor del Señor

Aunque la Biblia dice muchas veces: "no temáis", también nos ordena temer al Señor. Es un mandato importante que encontramos tanto en el Antiguo como en el Nuevo Testamento.

Antiguo Testamento

Y nos mandó Jehová que cumplamos todos estos estatutos, y que temamos a Jehová nuestro Dios, para que nos vaya bien todos los días, y para que nos conserve la vida, como hasta hoy (Deuteronomio 6:24).

Ahora, pues, temed a Jehová, y servidle con integridad y en verdad; y quitad de entre vosotros los dioses a los cuales sirvieron vuestros padres al otro lado del río, y en Egipto; y servid a Jehová (Josué 24:14).

Temed a Jehová, vosotros sus santos,
Pues nada falta a los que le temen
(Salmo 34:9).

El principio de la sabiduría es el temor
de Jehová;
Los insensatos desprecian la sabiduría y
la enseñanza (Proverbios 1:7).

El fin de todo el discurso oído es este: Teme a Dios, y guarda sus mandamientos; porque esto es el todo del hombre (Eclesiastés 12:13).

El fin de todo el discurso oído es este: Teme a Dios, y guarda sus mandamientos; porque esto es el todo del hombre (Eclesiastés 12:13).

Nuevo Testamento

Y no temáis a los que matan el cuerpo, mas el alma no pueden matar; temed más bien a aquel que puede destruir el alma y el cuerpo en el infierno (Mateo 10:28).

Entonces las iglesias tenían paz por toda Judea, Galilea y Samaria; y eran edificadas, andando en el temor del Señor, y se acrecentaban fortalecidas por el Espíritu Santo (Hechos 9:31).

> Porque me ha hecho grandes cosas el Poderoso; Santo es su nombre, y su misericordia es de generación en generación a los que le temen (Lucas 1:49-50).

> Así que, amados, puesto que tenemos tales promesas, limpiémonos de toda contaminación de carne y de espíritu, perfeccionando la santidad en el temor de Dios (2 Corintios 7:1).

> ¿Quién no te temerá, oh Señor, y glorificará tu nombre? pues solo tú eres santo; por lo cual todas las naciones vendrán y te adorarán, porque tus juicios se han manifestado (Apocalipsis 15:4).

Hay quienes podrían pensar que el temor del Señor es un tema que solo aparece en el Antiguo Testamento, pero como podemos ver también es un mandato en el Nuevo Testamento. Es una cualidad de los cristianos conforme a la cual debemos vivir. Y es una cualidad tan importante que el maestro de Eclesiastés la describió como la totalidad del deber humano. Empecemos por analizar dos maneras diferentes en que una persona puede temer al Señor.

Temor servil o temor filial

Sinclair Ferguson describe dos clases de temor en la Biblia: *temor filial* y *temor servil.*[1] El temor servil es como el temor de los esclavos hacia su amo cruel o los prisioneros hacia su carcelero. Los esclavos o los prisioneros obedecen por temor a ser maltratados y porque son conscientes de que el amo o el carcelero tiene la potestad de hacerles daño a la mínima infracción. La única motivación para obedecer es el temor a sufrir daño.

1. Sinclair Ferguson, *Grow in Grace* (Edimburgo: Banner of Truth, 1989), 28-29.

Con el temor servil, los esclavos o prisioneros obedecen solo en la medida en que esa obediencia los libra de calamidades. Esta es la clase de temor que experimentan las personas no regeneradas hacia Dios y la clase de temor que tenemos cuando llegamos a conocer a Cristo. Es verdadero terror de Dios.

Un buen ejemplo de esto se encuentra en Mateo 25 en la parábola de los siervos que recibieron de su señor talentos para invertir. Un siervo se limitó a sepultarlos en la tierra: "Pero llegando también el que había recibido un talento, dijo: Señor, te conocía que eres hombre duro, que siegas donde no sembraste y recoges donde no esparciste; por lo cual tuve miedo, y fui y escondí tu talento en la tierra; aquí tienes lo que es tuyo" (vv. 24-25).

Por otro lado, el temor filial es el temor que sienten los hijos hacia su padre. La palabra *filial* viene del latín y significa "hijo". Los hijos que saben que son amados por su padre le obedecen porque no quieren decepcionarlo ni fallarle. Es un temor respetuoso, un temor que honra al otro. No es un temor de espanto, sino un temor que nace del amor.

Sin Cristo, tendríamos un temor servil de Dios. Pero en Cristo somos adoptadas como hijas de Dios. Pablo escribe acerca de esto en Gálatas 4:4-7:

> Pero cuando vino el cumplimiento del tiempo, Dios envió a su Hijo, nacido de mujer y nacido bajo la ley, para que redimiese a los que estaban bajo la ley, a fin de que recibiésemos la adopción de hijos. Y por cuanto sois hijos, Dios envió a vuestros corazones el Espíritu de su Hijo, el cual clama: ¡Abba, Padre! Así que ya no eres esclavo, sino hijo; y si hijo, también heredero de Dios por medio de Cristo.

A través del regalo de la justificación somos hechas hijas del Padre. J. I. Packer escribió: "La condición de adopción de los creyentes significa que, en y por medio de Cristo, Dios los ama como ama a su unigénito Hijo y que los hará partícipes de toda la gloria que es de Cristo".[2] Dios es nuestro Padre, y como nuestro padre terrenal Él nos ama, suple nuestras necesidades, nos protege, nos disciplina y nos enseña. Puesto que Dios es nuestro Padre, el temor que tenemos hacia Él es un temor filial.

Para quienes no han tenido una buena relación con su padre terrenal o no han tenido una en absoluto, puede ser difícil entender el concepto de temor del Señor en el sentido del temor filial. Si nuestra experiencia con nuestro padre terrenal estuvo plagada de conflicto, enojo o maltrato, es posible que esperemos lo mismo de parte de Dios. Puede que frente a Dios reaccionemos como si Él estuviera siempre buscando castigarnos. O como si esperáramos que Él nos fallara. Tal vez nos resulte difícil confiar en Él para suplir nuestras necesidades. Quizá veamos los desafíos y las pruebas en nuestra vida como el castigo de un Dios airado, y no como la disciplina amorosa y la instrucción de un buen Padre.

Hebreos 12:7-11 nos enseña:

> Si soportáis la disciplina, Dios os trata como a hijos; porque ¿qué hijo es aquel a quien el padre no disciplina? Pero si se os deja sin disciplina, de la cual todos han sido participantes, entonces sois bastardos, y no hijos. Por otra parte, tuvimos a nuestros padres terrenales que nos disciplinaban, y los venerábamos. ¿Por qué no obedeceremos mucho mejor al Padre de los espíritus, y viviremos? Y aquellos, ciertamente por pocos días nos disciplinaban como a ellos les parecía, pero este para lo que nos es provechoso, para que participemos de su santidad. Es verdad que ninguna disciplina al presente parece ser causa de gozo, sino de tristeza; pero

---

2. J. I. Packer, *Concise Theology: A Guide to Historic Christian Beliefs* (Carol Stream, IL: Tyndale, 1993), 167.

después da fruto apacible de justicia a los que en ella han sido ejercitados.

Debemos recordar que Dios es un Padre perfecto y que todo lo que Él hace es bueno. Su amor por nosotras nunca disminuye. Él no es inconstante, Él no cambia. Lo que promete lo cumple. Aunque nuestro padre terrenal nos haya fallado y herido, y haya sido poco fiable, nuestro Dios es un buen Padre. Aun su disciplina e instrucción son perfectas y justo lo que necesitamos para crecer en santidad. Podemos temerlo con un temor filial.

Sinclair Ferguson define *temor filial* como "esa mezcla indefinible de reverencia y deleite, de gozo y asombro que llena nuestro corazón cuando comprendemos quién es Dios y lo que ha hecho por nosotros. Es un amor por Dios tan grande que sentiríamos vergüenza de hacer cualquier cosa que lo desagrade o aflija, y nos llena de alegría cuando hacemos lo que le agrada".[3]

Aunque nuestro padre terrenal nos haya fallado y herido, y haya sido poco fiable, nuestro Dios es un buen Padre… Podemos temerlo con un temor filial.

También es posible para los redimidos relacionarse con Dios con un temor servil. Es algo que afecta sus relaciones con el Señor, que parece distante. Cuando esto sucede, es posible dudar de lo que dice y cuestionar su amor por nosotras. Ferguson dice que necesitamos el temor filial para derrotar al temor servil.[4]

Antes de continuar, piensa si en alguna medida esto podría ser cierto en tu vida. Pregúntate si quizá tu idea de Dios es más la de un padre terrenal enojado que la de un Padre amoroso y perfecto que te ha rescatado, redimido y adoptado para que seas parte de su familia.

3. Ferguson, *Grow in Grace*, 29.
4. Ferguson, *Grow in Grace*, 29.

Temor multifacético

Echemos un vistazo al temor filial y analicémoslo un poco más. Muchos cristianos dan una descripción sucinta del temor del Señor como reverencia o asombro. Sin embargo, esa es solo una parte. El temor del Señor comprende varios aspectos que incluyen asombro, admiración, reverencia, adoración, gratitud, amor y obediencia. C. H. Spurgeon dijo que el temor del Señor es la abreviatura de "la auténtica expresión de la fe, la esperanza, el amor, la santidad de vida y de toda gracia que compone la verdadera piedad".[5] Este es solo el comienzo de nuestra comprensión de lo que significa el temor del Señor. Seguiremos explorándolo en los capítulos siguientes. Veamos por ahora algunas características del temor filial.

El temor es admiración y asombro

¿Cuándo fue la última vez que viste algo realmente asombroso? En algunos contextos se usa en exceso la palabra *asombroso*, al punto que a veces pierde su verdadero significado. La palabra *asombroso* alude a algo que inspira asombro, mientras que *asombro* es una emoción que combina el susto, la veneración y la admiración que inspiran una figura de autoridad o algo sagrado.[6] En vez de utilizarse para referirse a algo importante o significativo, como la perplejidad que produce contemplar la erupción de un volcán o estar en presencia de un monarca, en algunos contextos se habla más de *asombroso* en el sentido de "algo muy bueno" o "genial", como cuando alguien se refiere a "una asombrosa cámara".

Las personas experimentan asombro en el sentido de "susto" y "espanto" cuando están en presencia de alguien que tiene la

5. C. H. Spurgeon, "Godly Fear and Its Goodly Consequence", Bible Bulletin Board, www.biblebb.com/files/spurgeon/1290.htm.

6. *Merriam Webster*, s.v. "awe (n.)". www.merriam-webster.com/dictionary/awe.

potestad de hacerles bien o mal, como el acusado frente al juez o el súbdito ante el rey. Los soldados de más bajo rango en el ejército sienten esa clase de asombro ante su comandante. También podemos sentir ese asombro en medio de una violenta tormenta con relámpagos. Cuando el viento azota, la electricidad se vuelve intermitente y caen rayos, podemos mirar por la ventana y asombrarnos con el poder de la tormenta, al tiempo que nos sentimos agradecidas por estar seguras en la casa.

Contemplar algo con gran asombro sucede, por ejemplo, cuando una persona, que vive en el interior, ve por primera vez el mar. Cuando por fin viaja y ve el azul infinito del agua del mar, siente la arena suave bajo los pies y oye el golpeteo de las olas contra la orilla, no puede por menos que sentir asombro. Puede incluso sentir que se queda sin aliento. Tal vez no quiera parpadear. Los sentidos quedan abrumados. Es una experiencia indescriptible.

Esa clase de asombro y admiración es lo que debemos experimentar cuando tememos al Señor. Es algo que crece y se desarrolla pasando tiempo en su presencia, a medida que conocemos más quién es Él en su santidad, magnificencia, justicia y poder, y nos volvemos más conscientes de que somos amadas.

Un ejemplo de asombro es la reacción de Pedro ante al poder de Jesús. Cuando Jesús llamó a los discípulos, ellos estaban pescando. Habían pasado toda la noche intentando pescar en vano. Entonces Jesús les mandó que volvieran a intentarlo. Ellos lo hicieron,

> y habiéndolo hecho, encerraron gran cantidad de peces, y su red se rompía. Entonces hicieron señas a los compañeros que estaban en la otra barca, para que viniesen a ayudarles; y vinieron, y llenaron ambas barcas, de tal manera que se hundían. Viendo esto Simón Pedro, cayó de rodillas ante Jesús, diciendo: Apártate de mí, Señor, porque soy hombre pecador. Porque por la pesca que habían hecho, el temor

se había apoderado de él, y de todos los que estaban con él (Lucas 5:6-9).

Refiriéndose a este pasaje, Jerry Bridges señaló: "En su interior, Pedro comprendió con dolor su pecaminosidad. Con todo, lo que le hizo caer de rodillas ante Jesús no fue su pecado, sino la deidad de Jesús. Fue la reacción de la criatura frente a su Creador. Fue el profundo asombro de reconocer la gran diferencia que existe entre él y el Dios eterno e infinito".[7]

Él nos protege bajo la sombra de sus alas. Estamos a salvo de su juicio. El temor del Señor es nuestra respuesta desde ese lugar de seguridad donde tenemos la certeza de ser amadas.

John Piper expresó una de mis ilustraciones favoritas de este asombro. Él describe la exploración de un glaciar desconocido en invierno:

> En el momento exacto en el que alcanzas la cima de un despeñadero con una vista espectacular y kilómetros de hielo y montañas cubiertas de nieve, se desata una terrible tormenta. El viento es tan fuerte que temes que te empuje al precipicio. Sin embargo, en medio de la tormenta descubres una grieta en el hielo donde puedes esconderte, donde te sientes seguro. Aunque estás a salvo, el asombroso poder de la tormenta sigue azotando con su furia mientras observas con una mezcla de deleite y estremecimiento cómo atraviesa los glaciares a lo lejos.
>
> Primero sentiste temor de que aquella terrible tormenta pudiera quitarte la vida. Después encontraste un refugio y sentiste la esperanza de estar seguro. Con todo, aquel sentimiento llamado temor no desapareció por completo

7. Jerry Bridges, *The Joy of Fearing God* (Colorado Springs, CO: WaterBrook, 2016), 38.

de tu corazón. Solo la parte que temía por tu vida. Perduró la parte que se estremeció, se asombró y deslumbró; aquel sentimiento de que nunca desearías quedar atrapado en semejante tormenta o enfrentar a un adversario con semejante poder.[8]

Piper compara este tipo de experiencia con el temor del Señor: "La grandeza de Dios es más grande que el universo de estrellas, y las tormentas árticas de frío insoportable demuestran su poder. Sin embargo, Él nos cubre con su mano y dice: 'Refúgiate en mi amor y deja que los terrores de mi poder se conviertan en los asombrosos fuegos artificiales de tu dichoso cielo estrellado'. El temor de Dios es lo que queda de la tormenta cuando tienes en medio de ella un lugar seguro donde observarla".[9]

Sabemos cuán poderoso, majestuoso y santo es Dios. Sabemos que la vida de cada criatura sobre la tierra está bajo su potestad. Él es más poderoso que la tormenta de la ilustración. Sin embargo, Él por su gracia nos ha rescatado del pecado y la muerte por medio del sacrificio de su Hijo Jesucristo. Él nos protege bajo la sombra de sus alas. Estamos a salvo de su juicio. El temor del Señor es nuestra respuesta desde ese lugar de seguridad donde tenemos la certeza de ser amadas.

El temor es reverencia

Me gusta mucho estudiar historia, y algo que me resulta fascinante es aprender acerca de las naciones donde existe una monarquía. Quizás sea porque es algo tan diferente a lo que estoy acostumbrada, habiendo vivido siempre en un país dirigido por un presidente y no por un rey o una reina. Es difícil entender el papel singular que desempeña un monarca, el cual

---

8. John Piper, *The Pleasures of God: Meditations on God's Delight in Being God* (Colorado Springs, CO: Multnomah, 2012), 186.

9. Piper, *Pleasures of God*, 187.

va acompañado de toda la pompa y circunstancia. Incluso la conducta que se espera de los súbditos frente a su monarca es diferente de la manera como trataríamos a un presidente. Lo que un rey o una reina representan es algo que infunde un profundo respeto y reverencia. La persona que ocupa la posición de rey o de reina pasa, y la nación, las tradiciones, las leyes y las libertades que simbolizan se vuelven cruciales. El monarca representa todo lo que es la nación y su pueblo.

Cuando los súbditos se encuentran con el monarca, se inclinan en actitud de respeto; en nuestros días, las mujeres hacen una reverencia y los hombres inclinan la cabeza. Cuando los súbditos salen de la presencia de un rey o una reina, caminan hacia atrás en lugar de dar la espalda al monarca. Se dirigen al monarca diciéndole "su majestad". Lo tratan con reverencia.

Otro aspecto del temor del Señor es la reverencia. Respetamos a Dios por lo que Él es, Creador y Rey de todo. Nos dirigimos a Él como Él lo ha dispuesto en vez de comportarnos con ligereza a nuestro antojo. Dios es Dios y no nosotros. Recordamos esa diferencia en la manera como nos acercamos a Él. Sí, Él es nuestro Padre, pero es completamente diferente a cualquier padre terrenal. Por consiguiente, debemos mostrarle respeto. Usamos su nombre como Él nos ha ordenado que lo usemos. No lo tratamos como un cajero automático o como una máquina tragamonedas, sino como el Creador de todas las cosas. El autor del libro de Hebreos nos recuerda: "Así que, recibiendo nosotros un reino inconmovible, tengamos gratitud, y mediante ella sirvamos a Dios agradándole con temor y reverencia" (12:28).

Cuando tememos al Señor no queremos ofenderlo ni irrespetarlo. Antes bien, buscamos comprender quién es Él y lo que pide de nosotras. Respetamos su gobierno y su autoridad en nuestra vida.

En el libro de C. S. Lewis, *El león, la bruja y el armario*, Susana y Lucía preguntan a los castores acerca del león Aslan antes de encontrarse con él. Aslan era el verdadero rey de Narnia, venerado por los habitantes leales.

—¿Es..., es un hombre? —preguntó Lucía, vacilando.

—¡Aslan, un hombre! —exclamó el Castor, con voz severa—. Ciertamente, no. Ya les dije que es el Rey del bosque y el hijo del gran Emperador más allá de los Mares. ¿No saben quién es el Rey de los Animales? Aslan es un león... El León, *el* gran león.

—¡Oh! —exclamó Susana—. Pensé que era un hombre. Y él..., ¿se puede confiar en él? Creo que me sentiré bastante nerviosa al conocer a un León.

—Así será, queridita —dijo la señora Castora—. Eso es lo normal. Si hay alguien que pueda presentarse ante Aslan sin que le tiemblen las rodillas es más valiente que nadie en el mundo o es simplemente un tonto.

—Entonces, es peligroso —dijo Lucía.

—¿Peligroso? —dijo el Castor—. ¿No oyeron lo que les dijo la señora Castora? ¿Quién ha dicho algo sobre peligro? ¡Por supuesto que es peligroso! Pero es bueno. Es el Rey, les aseguro.[10]

El temor es adoración

Al apóstol Juan se le llama con frecuencia el discípulo al que Jesús amó. Fue el único discípulo que no murió como mártir, en lugar de lo cual fue exiliado a la isla de Patmos. Lo enviaron a ese lugar en castigo por predicar el evangelio. Estando allí, recibió una visión del cielo, la cual escribió en lo que tenemos ahora como el último libro de nuestra Biblia, el Apocalipsis:

> Y me volví para ver la voz que hablaba conmigo; y vuelto, vi siete candeleros de oro, y en medio de los siete candeleros, a uno semejante al Hijo del Hombre, vestido de una ropa

10. C. S. Lewis, *El león, la bruja y el ropero* (Barcelona: Destino, 2010), s.p.

que llegaba hasta los pies, y ceñido por el pecho con un cinto de oro. Su cabeza y sus cabellos eran blancos como blanca lana, como nieve; sus ojos como llama de fuego; y sus pies semejantes al bronce bruñido, refulgente como en un horno; y su voz como estruendo de muchas aguas. Tenía en su diestra siete estrellas; de su boca salía una espada aguda de dos filos; y su rostro era como el sol cuando resplandece en su fuerza. Cuando le vi, caí como muerto a sus pies. Y él puso su diestra sobre mí, diciéndome: No temas; yo soy el primero y el último; y el que vivo, y estuve muerto; mas he aquí que vivo por los siglos de los siglos, amén. Y tengo las llaves de la muerte y del Hades (Apocalipsis 1:12-28).

> Lo que diferencia el temor filial del temor servil es el amor, el amor de un hijo por su padre y del padre por su hijo.

Cuando encontramos al único y verdadero Dios no podemos evitar caer a sus pies en adoración. Esta es la respuesta apropiada porque Dios es digno. Él es Alfa y Omega. Él es nuestro Hacedor y Creador. Él es Rey y Soberano de todo. Aunque la reacción de Juan es dramática, evidencia que el temor es adoración. Cuando tememos a Dios le damos la honra que Él merece.

Una de las maneras obvias de hacerlo es mediante nuestra adoración con los santos en el día del Señor, cuando nos reunimos para cantar alabanzas a nuestro gran Dios. Allí proclamamos nuestra fe en voz alta recitando credos y confesiones. Oramos, oímos la Palabra predicada y nos deleitamos en la Santa Cena.

En nuestra vida cotidiana adoramos al Señor en la quietud de nuestro corazón honrándolo con nuestra vida por medio de nuestra confianza y obediencia a su Palabra. Lo adoramos cuando le damos gracias y lo alabamos por su provisión generosa cada día. Lo adoramos cuando nos apartamos de ídolos y buscamos solo en Él la vida, el propósito y la salvación.

Temer al Señor es adorarlo. Postrémonos de corazón delante de Él.

El temor es amor y adoración

Al principio de este capítulo formulé la pregunta acerca de si el temor del Señor era como el terror que sentí al borde de un abismo. Creo que en cierto sentido hay un poco de terror, especialmente cuando comprendemos quién es Dios en su poder, majestad y dominio. Como el Sr. Castor, entendemos que Dios es peligroso. Sin embargo, también entendemos que Él es bueno. Como hemos visto, el temor del Señor tiene múltiples facetas. Si bien incluye cierta turbación, no es permanente.

La razón por la cual esto sucede es el amor.

Lo que diferencia el temor filial del temor servil es el amor, el amor de un hijo por su padre y del padre por su hijo. Del mismo modo que los hijos aman y veneran a su padre y quieren agradarle, nosotras amamos y somos amadas por nuestro Padre celestial. También deseamos agradarle. Como escribe Ferguson: "el temor filial, el temor de un hijo hacia su Padre, está motivado por el amor de Dios por nosotros. Para ser más exactos, es el resultado del descubrimiento de que el Dios a quien considerábamos con un temor servil, el Dios santo, justo y temible de juicio y majestad, es también el Dios que nos perdona por medio de Jesucristo".[11] Así lo entendió el salmista:

> JAH, si mirares a los pecados,
> ¿Quién, oh Señor, podrá mantenerse?
> Pero en ti hay perdón,
> Para que seas reverenciado (Salmo 130:3-4).

11. Ferguson, *Grow in Grace*, 32.

El amor de Dios por nosotras empezó desde la eternidad cuando nos escogió en Cristo (ver Efesios 1:4-5). Dios nos amó primero. Como veremos en un capítulo posterior, cuanto más crecemos en nuestro entendimiento de las profundidades de su amor y de su gracia para con nosotras en Cristo, más debemos responder en amor y adoración.

Aunque hemos sido perdonadas por gracia por medio de la fe, todavía pecamos. Cuando esto sucede, no sentimos el temor servil por la expectativa de recibir un castigo; antes bien, nos entristece nuestro pecado porque amamos a Dios. Lamentamos nuestros actos. Nuestro pecado pone una barrera entre Dios y nosotras que nos distancia de Él. Por medio del evangelio de la gracia tenemos acceso al Padre y venimos delante de Él en arrepentimiento. Nos acercamos confiadas porque somos hijas del Rey. ¡Y qué gracia! Él ya nos ha perdonado por medio del derramamiento de la sangre de Cristo.

Un ejemplo de amor y de temor del Señor es el apóstol Pedro. Él fue uno de los amigos más cercanos y queridos del Señor Jesús. Fue famoso por ser franco y porque solía actuar antes de pensar. Tal vez, por ser un pescador sin educación, Pedro sentía la necesidad de demostrar que valía. Es imposible saber esto con certeza, pero las Escrituras lo muestran como alguien que hablaba y actuaba de manera impulsiva. A Pedro le costó aceptar la verdad de que Jesús iba a morir. En una de esas ocasiones, cuando Jesús habló abiertamente acerca de su muerte y resurrección, Pedro reaccionó reprendiendo a Jesús (Marcos 8:32), a lo que Jesús respondió: "¡Quítate de delante de mí, Satanás! Porque no pones la mira en las cosas de Dios, sino en las de los hombres" (v. 33).

En la noche antes de ser traicionado, Jesús le advirtió a Pedro que negaría conocerlo. Le dijo que Satanás lo había "pedido para [zarandearlo] como a trigo" (Lucas 22:31). Sin embargo, Jesús oró para que la fe de Pedro perdurara y que, a su vez, él pudiera fortalecer a los otros discípulos. Pedro respondió:

> Señor, dispuesto estoy a ir contigo no solo a la cárcel, sino también a la muerte. Y [el Señor] le dijo: Pedro, te digo que el gallo no cantará hoy antes que tú niegues tres veces que me conoces (vv. 33-34).

Esa noche Jesús fue arrestado y apresado. Para mayor seguridad, Pedro lo siguió de lejos. Esperó en el patio del sumo sacerdote desde donde podía enterarse de lo que sucedía. Otras personas lo reconocieron y le preguntaron si era uno de los seguidores de Jesús. Él lo negó dos veces. Luego vino la tercera negación:

> Y Pedro dijo: Hombre, no sé lo que dices. Y en seguida, mientras él todavía hablaba, el gallo cantó. Entonces, vuelto el Señor, miró a Pedro; y Pedro se acordó de la palabra del Señor, que le había dicho: Antes que el gallo cante, me negarás tres veces. Y Pedro, saliendo fuera, lloró amargamente (vv. 60-62).

Solo podemos imaginar lo que vio Pedro en los ojos de Jesús cuando el Señor se dio vuelta y lo miró. ¿Tal vez una combinación de tristeza y amor? Lo que sí sabemos es que Pedro recordó la conversación que habían tenido antes aquella noche. Debió recordar a Jesús diciéndole que ya había orado por él. Jesús lo amó en esa oración. Tal vez Pedro recordó ese amor y, al darse cuenta de que le había fallado a su Señor, se derrumbó y lloró. Esta es la respuesta de alguien que temía al Señor con un temor filial.

En este capítulo empezamos a definir, o más bien describir, el temor del Señor. Seguiremos explorando más el tema en el siguiente capítulo que trata la cuestión de por qué debemos temer al Señor.

Guía de estudio

Capítulo 2: Teme al Señor

Preguntas introductorias:

Antes de este estudio, ¿cómo habrías definido el temor del Señor? ¿Escuchaste con frecuencia alguna enseñanza o comentario acerca de él? ¿Por qué sí o por qué no?

____

____

____

____

____

____

Lee y comenta:

*1. Comenta la diferencia entre el temor servil y el temor filial. ¿De qué maneras ha respondido tu corazón a Dios con un temor servil? ¿Cuáles son algunas barreras que podrían impedir a algunas personas desarrollar un temor filial al Señor?

____

____

____

____

*2. El fundamento de nuestro temor filial es nuestra adopción como hijos e hijas de Dios. Lee Efesios 1:3-14. ¿Qué dice acerca de nuestra adopción? ¿Cuándo y por qué nos adoptó Dios?

3. La Confesión de Westminster describe esta adopción en el capítulo 12:

> A todos aquellos que están justificados, Dios les ha concedido, en y por medio de su único Hijo Jesucristo, ser partícipes de la gracia de la adopción: por la cual son añadidos a la familia y gozan de las libertades y los privilegios de los hijos de Dios; son sellados con su nombre; reciben el Espíritu de adopción; tienen acceso confiadamente al trono de la gracia; pueden clamar Abba, Padre; reciben compasión, protección, provisión, disciplina de Él como la de un padre; aun así, nunca son desechados, sino sellados para el día de la redención, y heredan las promesas, como herederos de salvación eterna.[12]

Enumera todos los beneficios de nuestra adopción. A tu modo de ver, ¿cuáles se destacan y por qué? ¿Cuáles necesitas comprender mejor?

12. An Exposition of the Westminster Confession of Faith, Center for Reformed Theology and Apologetics, http://reformed.org/documents/shaw/index.html?mainframe=/documents/shaw/shaw_12.html.

4. Lee Hebreos 12:5-11. ¿Cómo describe este pasaje el amor paternal de Dios por nosotras? ¿En qué difiere esta paternidad de la de nuestros padres terrenales?

____

____

____

____

*5. Lee Isaías 8 y busca ejemplos tanto de amor servil como de amor filial. Describe el amor filial al cual Dios llama a Isaías. Aunque a Israel le esperan catástrofe y destrucción, ¿qué dice Isaías que hará en el versículo 17?

____

____

____

____

____

*6. El temor del Señor es asombro, reverencia, adoración y amor. ¿Qué significa asombrarse y maravillarse ante nuestro gran Dios? ¿Cómo se demuestra reverencia? ¿Cómo podemos manifestar nuestro temor del Señor en nuestra adoración? ¿Cómo podemos demostrar nuestro amor al Señor temiéndole?

____

____

____

____

____

7. Lee Apocalipsis 4:8-11. En este capítulo, Juan describe lo que sucede en los pasillos del cielo. ¿Qué canción entonan

los seres vivientes? ¿Cómo demuestran un temor santo de Dios?

*8. ¿Qué lecciones extraes de este capítulo?

Oración:

Pide al Señor que te ayude a crecer en el temor filial a Él.

Capítulo 3

Teme al Señor por lo que Él es

¿Conoces la historia de tu nombre y por qué lo eligieron para ti? ¿Sabes lo que significa tu nombre?

Elegir el nombre para un hijo no es tan fácil como parece. En nuestra cultura se acostumbra, por lo general, llamar a los hijos con el nombre de un pariente, una persona famosa o importante para nosotros. O se escoge un nombre porque nos gusta como suena. Muchas veces descartamos un nombre porque ya conocemos a alguien con ese nombre y no queremos repetir el mismo. ¡Los profesores saben esto muy bien!

Para mi esposo y para mí fue difícil encontrar el nombre adecuado para nuestros dos hijos. Aunque nos gustaban muchos nombres para niñas, nuestra lista de nombres para niños era muy limitada. Fue en verdadero reto encontrar uno que nos gustara a los dos. Al final resultó que los nombres de nuestros hijos riman, ¡así que ninguno de los dos responde cuando los llamo porque piensan que estoy llamando al otro!

En la Biblia es importante el significado de los nombres.

En muchas ocasiones, Dios mandó a los profetas poner a sus hijos nombres que reflejaran lo que sucedía en ese momento de la historia bíblica. Por ejemplo, a Isaías ordenó llamar a su hijo Maher-salal-hasbaz, que significa "el botín se apresura, la presa se precipita". Isaías escribió: "Y me dijo Jehová: Ponle por nombre Maher-salal-hasbaz. Porque antes que el niño sepa decir: Padre mío, y Madre mía, será quitada la riqueza de Damasco y los despojos de Samaria delante del rey de Asiria" (Isaías 8:3-4). ¡Imagínate cómo sería escribir semejante nombre en la escuela todos los días!

Dios mandó al profeta Oseas poner a su hija un nombre extraño que hiciera referencia a la ira de Dios por causa de los pecados de Israel: "Ponle por nombre Lo-ruhama, porque no me compadeceré más de la casa de Israel, sino que los quitaré del todo" (Oseas 1:6). En sentido literal su nombre significa "sin misericordia".

Los nombres también son asignados para describir el carácter de la persona o lo que esa persona será en el futuro. Dios cambió el nombre de Abram a Abraham, que significa "padre de muchedumbre de gentes" (Génesis 17:5). El ángel mandó a José llamar al bebé de María Jesús, que significa "Salvador" (Mateo 1:21). Cuando Jesús encontró a Pedro por primera vez, su nombre era Simón, pero el Señor lo cambió a Pedro, que significa "roca" (Mateo 16:18).

Para lograr nuestro objetivo de crecer en el temor del Señor es necesario que sepamos quién es Dios y qué ha hecho. En este capítulo vamos a explorar quién es Dios analizando su nombre y los atributos que lo definen. La grandeza de Dios precisa muchos nombres y atributos para describirlo, tantos que solo veremos unos pocos en este capítulo[1]. A medida que

1. Una manera práctica de crecer en el temor del Señor es estudiar los nombres, atributos y características de Dios. Algunos libros útiles para este estudio son John Frame, *The Doctrine of God* (Phillipsburg, NJ: P&R, 2002); Arthur Pink, *Los atributos de Dios* (Graham, NC: Publicaciones Faro de Gracia, 2020); y J. I. Packer, *Hacia el conocimiento de Dios* (Miami, FL: Logoi, 1979).

avances en tu lectura, dedica tiempo a meditar en tu corazón sobre aquello que aprendes acerca de quién es Dios. Espero que esto te ayude a ver a Dios más majestuoso aún, y que crezca tu asombro, admiración, reverencia, adoración y amor por Aquel que te amó primero.

El gran YO SOY

Cuando Moisés tuvo su primer encuentro con Dios experimentó algo verdaderamente asombroso, en todo el sentido de la palabra. Estaba dedicado a apacentar el rebaño de su suegro cuando llegó a Horeb, el monte de Dios. Allí, un ángel del Señor se le apareció en una zarza ardiente. ¡Imagina cómo sería ver un arbusto que arde en llamas y no se quema! Moisés se detuvo frente al curioso fenómeno.

Dios lo llamó desde la zarza y le dijo: "No te acerques; quita tu calzado de tus pies, porque el lugar en que tú estás, tierra santa es" (Éxodo 3:5). En seguida, Dios se presentó como el Dios de Abraham, Isaac y Jacob que cumple sus pactos. Moisés reaccionó escondiendo su rostro por temor. Entonces Dios dijo que Él había oído el clamor de su pueblo y acudía a librarlos. Enviaría a Moisés para liberar a su pueblo de la esclavitud en Egipto.

> De cierto, de cierto os digo: Antes que Abraham fuese, YO SOY (Juan 8:58).

Entonces Moisés preguntó: "He aquí que llego yo a los hijos de Israel, y les digo: El Dios de vuestros padres me ha enviado a vosotros. Si ellos me preguntaren: ¿Cuál es su nombre?, ¿qué les responderé?" (Éxodo 3:13).

Dios respondió: "YO SOY EL QUE SOY" (v. 14). Luego dijo: "Así dirás a los hijos de Israel: YO SOY me envió a vosotros. Además dijo Dios a Moisés: Así dirás a los hijos de Israel: Jehová, el Dios de vuestros padres, el Dios de Abraham, Dios de Isaac y Dios de Jacob, me ha enviado a vosotros. Este es mi nombre para siempre; con él se me recordará por todos los siglos" (vv. 14-15).

Dios reveló a Moisés quién era Él: el gran YO SOY. Primero usó el nombre YO SOY EL QUE SOY (o "Yo seré el que seré"), y luego lo abrevió como YO SOY. Por último, usó el nombre Señor. En hebreo, este nombre es Yahvé y suena como una forma del verbo hebreo "ser".[2] Se escribe con frecuencia en nuestras Biblias como SEÑOR, en letras mayúsculas. Es el nombre más común para Dios en la Biblia. Los judíos tenían tal reverencia y respeto por este nombre que se negaban a pronunciarlo de manera audible y, en lugar de eso, usaban el nombre Adonai (Señor), que no es un nombre sino el título "soberano".[3]

Los eruditos debaten el significado exacto de este nombre y, como resultado, sugieren varios matices. Al usar este nombre, Dios quiso enseñar a Moisés que Él siempre había existido y que no dependía de nadie; Dios no es creado y no depende de nada por fuera de Él que lo sustente. Los teólogos usan la palabra *aseidad* para describir la verdad de que Dios es la causa primera; Él existe por sí mismo, se sustenta a sí mismo y es autónomo. El nombre de Dios también nos revela que Él es inmutable, que siempre fue y siempre será. Él es el mismo ayer, hoy y por toda la eternidad (Hebreos 13:8). Y este nombre reveló a Moisés que Dios estaría presente con su pueblo cuando él lo guiara para librarlo de la esclavitud, lo cual fue esencial para todo lo que les esperaba.

A lo largo de las Escrituras, el nombre YO SOY se usa en múltiples contextos para describir la existencia eterna de Dios, su control sobre todas las cosas, sus actos de salvación y redención y su presencia en medio de su pueblo confirmando su pacto. Este es el nombre que Jesús usó cuando respondió a los judíos en Juan 8:58: "De cierto, de cierto os digo: Antes que Abraham fuese, yo soy".

---

2. Frame, *Doctrine of God*, cap. 2, Kindle.

3. R. C. Sproul, *The Holiness of God* (Carol Stream, IL: Tyndale, 1998), 18. Publicado en español por Faro de Gracia con el título *Santidad de Dios*

Conocer a Dios como Señor, como YO SOY, como el que siempre ha existido, el inmutable Todopoderoso, es fundamental para empezar a explorar quién es Dios. Este nombre lo ubica en una categoría completamente aparte de todos los otros dioses. Juan Calvino escribió que debemos conocer este nombre y su significado "a fin de que nuestras mentes se llenen de admiración a cada mención de su esencia incomprensible"[4]. Asimismo, puede ayudarnos a entender los atributos que estudiaremos en este capítulo.

La santidad de Dios

Uno de los himnos que cantaba en la iglesia desde pequeña era "Santo, Santo, Santo":

> ¡Santo! ¡Santo! ¡Santo! Señor omnipotente,
> siempre el labio mío loores te dará.
> ¡Santo! ¡Santo! ¡Santo! te adoro reverente,
> Dios en tres personas, bendita Trinidad.

La letra de este himno es similar a un canto del libro de Isaías, cuando el profeta recibió una visión del cielo. En Isaías 6 leemos el relato del profeta delante del trono de Dios. Vio al Señor sentado en su trono alto y sublime y, por encima del trono, a los serafines. La Biblia nos dice que su manto cubría el templo. ¡Imagina lo majestuoso e imponente que era todo eso! Los serafines tenían seis alas, de las cuales usaban cuatro para cubrir sus rostros y pies. Revoloteaban proclamando: "Santo, santo, santo, Jehová de los ejércitos; toda la tierra está llena de su gloria" (v. 3). Entonces se estremecieron los quiciales de las puertas y el templo se llenó de humo. En respuesta a lo que vio, oyó y sintió, Isaías exclamó:

---

4. John Calvin, *Commentary on Exodus*, https://biblehub.com/commentaries/calvin/exodus/3.htm.

> ¡Ay de mí! que soy muerto; porque siendo hombre inmundo de labios, y habitando en medio de pueblo que tiene labios inmundos, han visto mis ojos al Rey, Jehová de los ejércitos (v. 5).

¡Qué experiencia y respuesta tan extraordinarias! Isaías vio seres creados que, a pesar de que no eran pecadores, no podían ver el rostro de Dios, de modo que cubrían sus rostros mientras revoloteaban encima del trono. Isaías vio al gran YO SOY, contempló la santidad de Dios y se vio a sí mismo en contraste evidente frente a todo ello. Aunque Isaías era profeta y un hombre justo, estar delante del trono de Dios le hizo ver su verdadera naturaleza. Se vio en su condición humana caída y lo único que pudo decir es "¡Ay de mí!". Como escribió R. C. Sproul: "Bastó ese instante para hacer añicos su autoestima. En un breve segundo quedó al descubierto, quedó desnudo al ver la medida absoluta de santidad".[5]

Como se ha dicho, la Biblia describe muchos atributos de Dios. Entre otros, sabemos que es misericordioso, justo, bueno, bondadoso y amoroso. Sin embargo, solo una característica aparece tres veces seguidas: la santidad de Dios. Sproul escribió que esa clase de repetición en las Escrituras busca "elevar algo al grado superlativo y revestirlo de importancia suprema"[6]. Podríamos compararlo con el hecho de usar signos de exclamación para acentuar un punto o, en lenguaje moderno, un emoji para expresar una fuerte emoción. Cuando la Biblia nos dice que Dios es tres veces santo tenemos que detenernos y prestar atención. Nos revela que Dios excede y supera todo lo que podamos llegar a comprender en nuestra mente.

¿Qué quiere decir que Dios es santo según la Biblia? La palabra *santidad* significa "estar separado" o "apartado". Las

---

5. Sproul, *Holiness of God*, 28.
6. Sproul, *Holiness of God*, 36.

Escrituras describen muchas cosas como santas, entre ellas los utensilios que se empleaban para la adoración en el templo. Eran separados del resto de utensilios para un uso especial. El pueblo de Dios está llamado a ser santo, a apartarse del mundo. Dios es ciertamente santo en el sentido de que está separado y aparte de todo lo demás, porque nadie es como Él. Pero también significa mucho más.

En *La santidad de Dios*, R. C. Sproul afirma que la santidad significa no solo esta separación, sino que también incluye pureza, trascendencia y misterio. Él escribió: "Cuando la Biblia llama a Dios santo, quiere decir en primer lugar que Dios está trascendentalmente aparte. Está tan por encima y más allá de nosotros que pareciera casi completamente ajeno a nosotros".[7] La santidad incluye la pureza moral de Dios, porque en Él no existe la mínima sombra de pecado. Como escribió Juan: "Dios es luz, y no hay ningunas tinieblas en él" (1 Juan 1:5). Al describir la santidad de Dios, Arthur Pink escribió: "Así como el poder de Dios es lo opuesto a la debilidad propia de la criatura, y como su sabiduría contrasta por completo con el mínimo defecto de entendimiento o locura, su santidad es la antítesis misma de toda mancha o corrupción moral".[8]

Cuando la Biblia nos dice que Dios es tres veces santo tenemos que detenernos y prestar atención. Nos revela que Dios excede y supera todo lo que podamos llegar a comprender en nuestra mente.

La santidad no es simplemente uno de los atributos de Dios en una lista que incluye igualmente aspectos como la bondad, la justicia y la verdad; antes bien, la santidad es esencial e inherente a la persona de Dios. Dios es santo. Por tanto, su sabiduría es santa, su justicia es santa, su poder es santo. Él está muy por

7. Sproul, *Holiness of God*, 36.
8. Pink, *Attributes of God*, 41.

encima de todo lo que nosotras conocemos aquí en la tierra. En Isaías, Dios, el Santo, preguntó: "¿A qué, pues, me haréis semejante o me compararéis? dice el Santo" (Isaías 40:25).

Rudolph Otto, el académico alemán del siglo XX, estudió la reacción de las personas frente a la experiencia de lo santo. Para describir esa clase de encuentro usó el término *numinoso*, que significa "poder divino".[9] Otto describió la respuesta de una persona a lo numinoso como una sensación de "imponencia" (quedar abrumado de asombro) o, como hemos delineado en este libro, un santo temor de Dios.[10] Es la experiencia de estar cara a cara con Aquel que es enteramente otro. Es quedar abrumado ante lo majestuoso y trascendente. Es darte cuenta de la propia insignificancia delante de Aquel que es infinitamente glorioso. Es experimentar una profunda convicción de sí mismo como criatura y de Dios como Dios. Es quedar deslumbrado porque Alguien tan santo y glorioso te reciba en su presencia.

Por eso, Isaías y el apóstol Juan (en el libro de Apocalipsis), cuando recibieron una visión de Dios en el cielo, tuvieron reacciones tan fuertes. Juan cayó como muerto e Isaías exclamó "¡Ay de mí!". Por eso estamos llamadas a un temor que está por encima de cualquier otro, el temor del Señor. Puesto que Dios es santo e indescriptiblemente trascendente, nuestra única respuesta es de asombro, reverencia, admiración y adoración. El salmista reconoció esta verdad en el Salmo 99:5:

Exaltad a Jehová nuestro Dios,
Y postraos ante el estrado de sus pies;
Él es santo.

---

9. Gene Veith, "The Numinous", *Cranach* (blog), *Patheos*, 4 de junio de 2013, www.patheos.com/blogs/geneveith/2013/06/the-numinous/.

10. Clara Sarrocco, "Surprised by Awe: C. S. Lewis and Rudolf Otto's *The Idea of the Holy*", *Touchstone*, mayo/junio 2011, www.touchstonemag.com/archives/article.php?id=24–03–036-f.

La bondad de Dios

¿Qué responderías si alguien te preguntara: "¿Te consideras una buena o mala persona?"?

Lo más probable es que respondamos "buena". Es una respuesta común. *Bueno* es una palabra que usamos para describir cualquier cosa, desde la comida que consumimos hasta la película que vemos o el sermón que escuchamos. La usamos para expresar nuestra aprobación o para decir que algo se acomoda a nuestras necesidades. Si fuéramos a poner la palabra *bueno* en una balanza, puntuaría por debajo de palabras como *mejor* y *excelente*.

Estos no son usos necesariamente incorrectos de la palabra, pero, cuando se usa para describir la hamburguesa que nos comimos ayer, pierde su significado en el momento en que abrimos nuestra Biblia y leemos que Dios es bueno o describimos a alguien como una "buena persona" porque pagó el café de alguien en la ventanilla de comida rápida. El problema es que, cuando la Biblia describe a Dios como bueno, lo hace para referirse a su naturaleza misma.

Después de la extraordinaria experiencia de Moisés con la zarza ardiente, Dios lo usó para liberar a su pueblo de la esclavitud. Moisés fue testigo aún más del poder de Dios a través de las diez plagas. Vio cómo Dios abrió un camino a través del mar para que el pueblo cruzara hasta la otra orilla. Se encontró con Dios en el monte y recibió los diez mandamientos. Y, en Éxodo 33, le pidió a Dios que le permitiera ver su gloria. Deseaba verlo cara a cara.

Sin embargo, dado que Dios es santo, nadie puede ver su rostro y vivir (Éxodo 33:20). En lugar de eso, Dios le dijo a Moisés que podía esconderse detrás de una roca y observarlo pasar. Con esto, dio a Moisés una descripción adicional de su carácter:

> Y Jehová descendió en la nube, y estuvo allí con él, proclamando el nombre de Jehová. Y pasando Jehová por delante de él, proclamó: ¡Jehová! ¡Jehová! fuerte, misericordioso y piadoso; tardo para la ira, y grande en misericordia y verdad; que guarda misericordia a millares, que perdona la iniquidad, la rebelión y el pecado, y que de ningún modo tendrá por inocente al malvado; que visita la iniquidad de los padres sobre los hijos y sobre los hijos de los hijos, hasta la tercera y cuarta generación (Éxodo 34:5-7).

Dios usó nuevamente su nombre YO SOY y describió a Moisés quién era Él y cómo obraba. Entre esos atributos está la bondad de Dios. Él está lleno de bondad. En la Biblia, la bondad tiene que ver con perfección y justicia. Es una característica de Dios que se repite a lo largo de las Escrituras y que es inherente a su santidad. El salmista escribió: "Bueno eres tú, y bienhechor; enséñame tus estatutos" (Salmo 119:68). Como señaló Pink, "existe una perfección tan absoluta en la naturaleza y en el ser de Dios que nada le falta, nada tiene defecto y nada se le puede añadir para mejorarlo".[11] Él es completamente bueno.

Es difícil comprender algo tan perfecto que sea imposible mejorarlo. En nuestra propia vida y en nuestro mundo todo puede mejorar. Entrenamos nuestro cuerpo y nuestra mente para un mejor desempeño y para lograr más. En cambio, Dios es perfecta y completamente bueno; es imposible añadir algo a su bondad.

Muchas veces observamos lo que otras personas hacen y las catalogamos de "buenas". Hablamos acerca de hacer buenas obras como ayudar al débil o defender lo que es justo. Aun así, en comparación con la bondad de Dios, nuestras buenas obras son como trapos de inmundicia (Isaías 64:6). Esto sucede porque nuestros motivos están viciados por el pecado.

Dado que Dios es perfecto y completamente bueno, nada

11. Pink, *Attributes of God*, 57.

puede hacer Él que *no* sea bueno. Todos sus caminos son buenos. Desde el mundo que creó hasta sus actos en la historia, desde su plan perfecto para nuestras vidas hasta su bondad derramada sobre nosotros en Cristo, todo lo que Él hace es bueno. El cántico de Moisés resalta esta verdad:

> Él es la Roca, cuya obra es perfecta,
> Porque todos sus caminos son rectitud;
> Dios de verdad, y sin ninguna iniquidad en él;
> Es justo y recto (Deuteronomio 32:4).

No solo Dios es bueno y todo lo que hace es bueno, sino que también todas las cosas buenas vienen de Él, según lo declara Santiago: "Toda buena dádiva y todo don perfecto desciende de lo alto, del Padre de las luces, en el cual no hay mudanza, ni sombra de variación" (Santiago 1:17). Dios es el Padre de las luces. En términos espirituales, las tinieblas representan el mal, y en Dios no hay tinieblas. Él es la fuente de todo lo que es bueno y todo lo que Él nos da es bueno. Este versículo también nos dice que Dios nunca cambia; en Él no hay "mudanza ni sombra de variación". Nuestro Dios nunca nos muestra su bondad para luego cambiar de parecer. Podemos confiar en que su bondad para con nosotras nunca cambiará.

Aunque las personas y las circunstancias que encontramos en este mundo caído no sean buenas, tenemos un buen Dios que reina sobre todas las cosas. Podemos recordar su bondad cuando enfrentemos situaciones temibles, cuando el futuro parezca oscuro y desolador.

La bondad de Dios es una cualidad importante para los corazones temerosos. Aunque las personas y las circunstancias que encontramos en este mundo caído no sean buenas, tenemos un buen Dios que reina sobre todas las cosas. Podemos recordar su bondad cuando enfrentemos situaciones temibles, cuando el futuro parezca oscuro y desolador. Puesto que Dios es bueno, podemos confiar que Él estará con nosotras, proveerá lo necesario y nos salvará. Podemos esperar cosas buenas de nuestro buen Dios.

Cuando consideramos y meditamos en la bondad de Dios, respondemos con un temor santo, como lo expresa el llamado del salmista:

> Entrad por sus puertas con acción de gracias,
> Por sus atrios con alabanza;
> Alabadle, bendecid su nombre.
> Porque Jehová es bueno; para siempre es su misericordia,
> Y su verdad por todas las generaciones (Salmo 100:4-5).

El amor de Dios

Cada mes de febrero compro un paquete de dulces en forma de corazón con mensajes afectuosos estampados como "amor verdadero" o "te quiero". Los pongo en un tazón y en el transcurso de varios días mi familia se los come, un puñado a la vez.

Me da curiosidad que un concepto como amor pueda reducirse a frases como "amor seguro" y "eres mi único amor". Es lo que sucede en el día de san Valentín, pero también en las películas que vemos y en la música que oímos, donde el amor se reduce a un sentimiento que va y viene con la ola del deseo. La definición de amor de nuestra cultura contrasta de manera dramática con el amor acerca del cual leemos en la Biblia, que no se trata de sentimientos sino de acciones, que no se centra en nosotras mismas sino en los demás, que no busca ganancia sino perderlo todo, y que en última instancia glorifica no al yo sino a Aquel que nos amó primero.

El apóstol Juan escribió acerca de amor en una de sus cartas:

> Amados, amémonos unos a otros; porque el amor es de Dios. Todo aquel que ama, es nacido de Dios, y conoce a Dios. El que no ama, no ha conocido a Dios; porque Dios es amor. En esto se mostró el amor de Dios para con nosotros, en que Dios envió a su Hijo unigénito al mundo, para que vivamos por él. En esto consiste el amor: no en que nosotros hayamos amado a Dios, sino en que él nos amó a nosotros, y envió a su Hijo en propiciación por nuestros pecados. Amados, si Dios nos ha amado así, debemos también nosotros amarnos unos a otros (1 Juan 4:7-11).

Este pasaje nos revela algo más acerca de Dios y de su carácter: *Dios es amor.*

En esta carta, Juan presenta a sus lectores una serie de pruebas que les ayudan a medir su fe. ¿Estaban o no en Cristo? Una de esas pruebas era el amor. Juan escribió que si no amamos a otros no conocemos a Dios, porque Dios es amor. Conocer a Dios es conocer su amor.

El amor es una parte tan integral del carácter de Dios que todo lo que Él hace está motivado por el amor. El apóstol Pablo describió en 1 Corintios 13 lo que es el amor. El amor se revela en acciones como la paciencia y la bondad; el amor no siente envidia ni se jacta, no es áspero, no se irrita y no guarda rencor. Muchas veces nos detenemos en este pasaje para aprender cómo amar a otros, y eso está bien. Sin embargo, este pasaje también revela quién es Dios y su amor por nosotros. El acto supremo del amor de Dios tuvo lugar en la cruz, donde el Hijo de Dios entregó su vida en rescate por muchos, como lo declara Juan: "En esto hemos conocido el amor, en que él puso su vida por nosotros; también nosotros debemos poner nuestras vidas por los hermanos" (1 Juan 3:16).

Primera de Juan 4 también nos enseña que el amor tiene su origen en nuestro Dios trino. Dios Padre, Dios Hijo y Dios Espíritu Santo han vivido juntos en mutuo y perfecto amor, gozo y unidad desde la eternidad pasada (Juan 17:24). El amor empieza con Dios. Nosotras no amaríamos si Él no nos hubiera amado primero (1 Juan 4:19). Dios nos escogió desde antes de la fundación del mundo para que seamos suyos, para ser adoptados como hijos e hijas (Efesios 1:4). Dios no nos amó porque hubiera en nosotras algo que mereciera ser amado, sino que Él eligió amarnos. Él nos dio su amor y nos salvó por medio de la sangre de su Hijo.

La declaración de Juan "Dios es amor" se ha usado en ocasiones para afirmar que Dios pasa por alto el pecado humano. Según esto, dado que la Biblia afirma que Dios es amor, Él debe amar y aceptar a todos y por ende no pide cuentas a los pecadores de sus acciones. A veces, las personas malinterpretan esta declaración y creen que el amor y Dios son la misma cosa. Ambas tergiversaciones no contemplan la Biblia en su conjunto. Cuando leemos las Escrituras vemos claramente que Él no pasa por alto el pecado; antes bien, Dios interviene para rescatarnos de él. El amor de Dios no nos deja en nuestra condición, sino que nos cambia para que lleguemos a ser lo que Él se propuso al crearnos. Su amor es activo, redentor y sacrificado. Dios también es más que meramente amor. Como hemos estudiado hasta ahora, Dios también es eterno, trascendente, santo, justo y bueno.

El amor de Dios por nosotras es lo que transforma el temor servil en temor filial. Porque Él nos amó y nos hizo suyas, no le tememos como quienes están sin Cristo; le tememos con un temor santo, un temor que se asombra y maravilla de su amor por nosotras; un temor al que respondemos con gratitud y amor; un temor que exalta y alaba su gran nombre.

El amor de Dios por nosotras es lo que transforma el temor servil en temor filial. Porque Él nos amó y nos hizo suyas, no le tememos como quienes están sin Cristo; le tememos con un temor santo, un temor que se asombra y maravilla de su amor por nosotras; un temor al que respondemos con gratitud y amor; un temor que exalta y alaba su gran nombre.

La soberanía de Dios

La soberanía de Dios es una característica que está presente a lo largo de las Escrituras. Ser *soberano* significa "tener poder y autoridad absolutos". Los Estados Unidos son una nación soberana porque se gobierna a sí misma independientemente de cualquier poder extranjero. En países que tienen una monarquía, el rey o la reina es el gobernador soberano. La Biblia nos enseña que Dios es el Soberano supremo y por excelencia sobre todas las cosas. Como explicó el salmista, Él reina sobre el cosmos y sobre todo ser vivo: "Jehová estableció en los cielos su trono, y su reino domina sobre todos" (Salmo 103:19).

La Biblia nos enseña que Dios gobierna sobre todo, sobre grandes y pequeños. Nada ni nadie se escapa de su control soberano.

Él es soberano en la creación:

> Da la nieve como lana,
> Y derrama la escarcha como ceniza.
> Echa su hielo como pedazos;
> Ante su frío, ¿quién resistirá?
> Enviará su palabra, y los derretirá;
> Soplará su viento, y fluirán las aguas (Salmo 147:16-18).

> Al que hace las Pléyades y el Orión, y vuelve las tinieblas en mañana, y hace oscurecer el día como noche; el que llama a las aguas del mar, y las derrama sobre la faz de la tierra; Jehová es su nombre (Amós 5:8).

> Como los repartimientos de las aguas,
> Así está el corazón del rey en la mano de Jehová;
> A todo lo que quiere lo inclina (Proverbios 21:1).

> El corazón del hombre piensa su camino;
> Mas Jehová endereza sus pasos (Proverbios 16:9).

Él es soberano en aquello que con frecuencia atribuimos al azar o a la naturaleza:

> La suerte se echa en el regazo;
> Mas de Jehová es la decisión de ella (Proverbios 16:33).

> Que formo la luz y creo las tinieblas, que hago la paz y creo la adversidad. Yo Jehová soy el que hago todo esto (Isaías 45:7).

Él es soberano en cada aspecto de nuestra salvación:

> Y a los que predestinó, a estos también llamó; y a los que llamó, a estos también justificó; y a los que justificó, a estos también glorificó (Romanos 8:30).

> Mas el Dios de toda gracia, que nos llamó a su gloria eterna en Jesucristo, después que hayáis padecido un poco de tiempo, él mismo os perfeccione, afirme, fortalezca y establezca (1 Pedro 5:10).

Dios no solo conoce las circunstancias de nuestra vida, sino que reina y gobierna sobre ellas. Él determina y decide todos los sucesos que ocurren en nuestra vida, tanto los importantes como los que parecen irrelevantes. Ni siquiera un cabello puede caer de nuestra cabeza sin que Dios lo quiera. Como escribió C. H. Spurgeon: "Yo creo que cada partícula de polvo que danza bajo el rayo del sol no mueve un átomo más ni menos de lo que Dios desea".[12]

---

12. C. H. Spurgeon, "God's Providence", en *Spurgeon's Sermons*, vol. 54, 1908, Christian Classics Ethereal Library, https://www.ccel.org/ccel/spurgeon/sermons54.xlii.html.

Como creyentes, no dudamos que Dios gobierne sobre todas las cosas. Simplemente a algunas nos cuesta confiar en su reinado. Esto puede suceder cuando consideramos su soberanía como un aspecto aparte de otros atributos. Es importante saber que la soberanía de Dios no existe aislada, sino que está íntimamente ligada a lo que Él es en su omnisciencia, omnipotencia, santidad, bondad y amor, entre otros. Cuando recordamos que Dios es santo y justo, que todo lo que hace es perfecto, bueno y justo, sabemos que gobernará a partir de esa justicia. Cuando recordamos que Dios nos amó en Cristo antes de la fundación del mundo, sabemos que las circunstancias que Él permite en nuestra vida están motivadas por amor.

¿Qué tiene que ver esto con nuestros temores y con cambiarlos por el temor del Señor? Puesto que Dios es soberano, a Él nunca lo toman por sorpresa las circunstancias de nuestra vida. Él no solo conoce las situaciones terribles que enfrentamos, sino que tiene un propósito con ellas y gobierna sobre ellas. Nada sucede en nuestra vida que escape de su control. Es un consuelo saber que un suceso que nos toma por sorpresa no es una sorpresa para Dios. Él gobierna sobre todas las cosas, desde el tráfico que te hizo llegar tarde al trabajo hasta el virus de influenza que atrapó a nuestro hijo en la escuela. Él gobierna sobre el tornado que amenazó nuestro vecindario y sobre la compañía en cuyas acciones invertimos y quebró. Él permite pruebas, aflicciones y situaciones dolorosas para intervenir en nuestra vida y reinar sobre todas ellas con el propósito de que todas las cosas nos ayuden a bien y lo glorifiquen: "Y sabemos que a los que aman a Dios, todas las cosas les ayudan a bien, esto es, a los que conforme a su propósito son llamados" (Romanos 8:28).

La doctrina de la soberanía de Dios puede ser un gran consuelo para corazones temerosos. Nos lleva a recordar que Dios es más grande que cualquier cosa que podamos temer. Cuando descansamos en el cuidado soberano de Dios y confiamos que Él tiene un buen propósito con todo lo que nos sobreviene, podemos enfrentar las circunstancias temibles sin desánimo y con esperanza. Cuando nos sentimos temerosas podemos susurrar esta verdad a nuestros corazones: "A Dios no le toma por sorpresa esto". Él sabe lo que está sucediendo. Él sabe cómo nos sentimos. Él sabe exactamente lo que necesitamos en ese momento. Podemos acudir a Él en busca de ayuda y rescate, seguras de que Él cuida de nosotras. Puesto que Él gobierna sobre todas las cosas, solo Él puede librarnos. El salmista nos recuerda: "Dios es nuestro amparo y fortaleza, nuestro pronto auxilio en las tribulaciones" (Salmo 46:1). Podemos cambiar nuestros temores por un temor santo de nuestro Dios soberano.

> Es un consuelo saber que un suceso que nos toma por sorpresa no es una sorpresa para Dios.

A medida que aprendemos a descansar en quién es Dios, vemos con mayor claridad por qué debemos temerle. Nuestro Dios soberano es el gran YO SOY. Él es santo, bueno y amoroso. Él gobierna sobre todo lo que tememos. Él es más grande. Podemos confiar en Él.

Guía de estudio

Capítulo 3: Teme al Señor por lo que Él es

Preguntas introductorias:

¿Por qué es importante el significado de los nombres, especialmente en la Biblia? ¿Cuál es el significado de tu nombre? ¿Sabes por qué se eligió ese nombre para ti?

Lee y comenta:

*1. ¿Por qué es importante conocer el nombre de Dios? ¿Qué nos revela acerca de Dios el nombre YO SOY?

2. Lee otros nombres de Dios en las Escrituras. Escribe los nombres de Dios que encuentras en los siguientes pasajes.

   Génesis 16:13

Génesis 22:9-14

Jueces 6:24

Salmo 23:1-3

*3. Lee el Salmo 9. ¿Qué se dice acerca del nombre de Dios en el versículo 10? ¿Con qué nombre de Dios se relaciona este versículo? ¿Cómo responde el salmista?

4. ¿Qué significa ser santo? ¿Qué es lo que hace santo a un cristiano? ¿Por qué es relevante la referencia a Dios como "santo, santo, santo"?

5. Lee Levítico 20:26 y 1 Pedro 1:15-16. ¿Qué dicen estos pasajes acerca del pueblo de Dios y la santidad?

*6. Lee el Salmo 100. ¿Qué nos dice acerca de quién es Dios? ¿Cómo debemos responder?

____

____

____

____

*7. Lee Juan 10:11-18, 25-30. ¿Qué nos enseña este pasaje acerca de la soberanía de Dios? ¿Cómo puede la soberanía de Dios ser un consuelo para ti cuando temes?

____

____

____

____

*8. ¿Qué lecciones extraes de este capítulo?

____

____

____

____

Oración:

Ora aplicando lo que has aprendido acerca de quién es Dios. Ora a tu Dios trino que es santo, y exalta su gran nombre.

Capítulo 4

Teme al Señor por lo que Él ha hecho

¿Cuál es el mejor regalo que has recibido? Tal vez fue tu primera bicicleta, equipada con una cesta de alambre y flequillos de colores colgando del manubrio. O quizá fue la muñeca de moda que tenían todas tus amigas, la que venía con un vestido igual para ti. O tal vez fue la casa en el árbol que tú y tu papá construyeron juntos en el patio y en la que pasaste un sinfín de tardes imaginando que era un castillo medieval que defendías contra bandidos invasores. O tal vez el mejor regalo fue una experiencia, como tu primer viaje a Disney, donde viste el castillo de Cenicienta, comiste helado en forma de orejas de Mickey Mouse y montaste en Dumbo.

A todas nos encanta recibir regalos y, cuando recibimos un regalo que siempre hemos querido, lo recordamos durante muchos años. Sin embargo, trata de imaginar qué sentirías si alguien te obsequiara un paquete en tu cumpleaños y, al abrirlo, dijera: "Tendrás que pagarme por esto" y en seguida te entregara la factura. Ya no sería un regalo, ¿no te parece? Porque si has trabajado o pagado por ello, o lo has ganado de alguna manera, ya no es para nada un regalo.

En el último capítulo vimos algunas razones para temer al Señor, específicamente por quién es Dios. En este capítulo exploraremos más razones para temer al Señor: por lo que Él ha hecho. Más específicamente, nos enfocaremos en algunos regalos que Él nos ha dado.

El regalo de la creación

Yo crecí en la zona media de los Estados Unidos cerca del Atlántico, una región compuesta por llanuras costeras hacia el oriente, piedemonte en el interior y cadenas montañosas en el occidente. Mi familia y yo pasamos muchos fines de semana y vacaciones de verano en los montes Apalaches de Virgina y Maryland. Me fascinaba explorar los senderos boscosos y las cataratas, escalar hasta las cimas y ver los valles que se extendían a lo lejos. Sin embargo, los Apalaches eran más bien pequeños, y sus picos más altos apenas superaban los dos mil metros. Comparados con otras cadenas montañosas en los Estados Unidos y en otros lugares del mundo, son más bien unas colinas onduladas.

Cuando tenía dieciséis años fui con un grupo de amigos de mi iglesia a un viaje en el que atravesamos el país desde la costa este hasta las montañas Rocosas en Colorado. Condujimos durante horas y horas desde los suburbios de Washington, D.C., pasando por pueblos pequeños y grandes ciudades, llanuras y granjas inmensas del medio oeste, hasta que al fin aparecieron unos picos rocosos en medio de los pastizales llanos que habían acompañado nuestro camino durante muchos días. En ese momento pensamos que faltaba muy poco para llegar.

Sin embargo, nos tomó varias horas llegar a nuestro destino. Aunque los picos escarpados de las montañas parecían esplendorosos desde nuestra posición en la carretera, todavía nos faltaba mucho. Y, cuando por fin llegamos, quedé boquiabierta. Quedé sin palabras, pasmada frente a la altura de los picos escarpados cubiertos de nieve incluso en pleno mes de julio. Era lo más grandioso que había visto en mi vida.

Desde entonces he visto mucho más de este hermoso planeta. He buceado en las aguas del trópico, de color azul turquesa, y he visto de cerca criaturas marinas que me han devuelto su propia mirada de fascinación. He escuchado el rugido de los glaciares que se desgajan y dejan caer grandes bloques de hielo en las aguas heladas del Ártico. Me ha maravillado la vida que crece y prospera aun en el desierto, desde el cactus florecido hasta la ardilla listada que corretea. Y en todo ello veo la mano de Dios, nuestro Creador.

La Biblia empieza con estas palabras extraordinarias: "En el principio creó Dios los cielos y la tierra" (Génesis 1:1). En seis días Dios nada más habló y todo apareció ante el sonido de su voz: árboles y plantas, estrellas y lunas, leones y osos, delfines y pelícanos. Dios diseñó cada ser vivo. Luego hizo al hombre del polvo de la tierra, sopló en él aliento de vida y lo llamó Adán. Dado que no era bueno que Adán estuviera solo, Dios creó a la mujer del costado de Adán y la llamó Eva.

La Biblia nos dice que las maravillas de este mundo revelan quién es Dios.

Este mundo gigantesco y hermoso existe porque Dios ordenó que existiera. Él es el Creador y nosotros somos sus criaturas. Él es la fuente y el manantial del que brota toda la vida. Él nos da vida, aliento y todo lo demás (Hechos 17:25). Él envía las lluvias que ayudan a que la tierra produzca alimento para que comamos. Él suple las necesidades de sus criaturas, grandes y pequeñas. Toda la creación depende de su gracia que la sustenta.

La Biblia nos dice que las maravillas de este mundo revelan quién es Dios: "Porque las cosas invisibles de él, su eterno poder y deidad, se hacen claramente visibles desde la creación del mundo, siendo entendidas por medio de las cosas hechas, de modo que no tienen excusa" (Romanos 1:20). Todo proclama la gloria de Dios; incluso las estrellas cantan alabanzas a Dios. Cuando miramos el mar que ruge cuando azota y borbotea en la orilla, vemos la manifestación del poder de Dios. Cuando vemos los campos floridos vestidos de gala y colores brillantes, somos testigo del prodigio creativo de Dios. Cuando sostenemos en los brazos a un recién nacido y contamos cada uno de sus dedos, nos asombra la bondad de Dios que produjo semejante milagro.

Tememos a Dios porque Él ha creado todas las cosas. Él sustenta todas las cosas. Cada mañana nos levantamos porque Él nos ha dado aliento para vivir un día más. Como señaló J. I. Packer: "Comprender nuestra dependencia de Dios el Creador para poder existir minuto a minuto motiva, como es debido, una vida de devoción, compromiso, gratitud y lealtad a Él, por lo que resulta escandaloso no vivir de esa manera".[1]

Job era un hombre que temía a Dios, y su respuesta frente a su inmensa pérdida fue un reflejo de ello. Con todo, le quedaba mucho por aprender acerca de Dios. Al final del libro de Job, cuando Dios por fin habla en el torbellino, le enseñó más a Job acerca de lo que significa temerle. Lo hizo señalando sus obras en la creación y su cuidado providencial de todo lo que ha hecho. Dios le lanzó a Job una serie de preguntas (¡que abarcan varios capítulos!) para mostrarle que Dios es Dios y él no:

> ¿Has mandado tú a la mañana en tus días?
> ¿Has mostrado al alba su lugar...?
>
> ¿Alzarás tú a las nubes tu voz,
> Para que te cubra muchedumbre de aguas?
> ¿Enviarás tú los relámpagos, para que ellos vayan?
> ¿Y te dirán ellos: Henos aquí?...

1. Packer, *Concise Theology*, 22.

¿Quién prepara al cuervo su alimento,
Cuando sus polluelos claman a Dios,
Y andan errantes por falta de comida?...

¿Diste tú al caballo la fuerza?
¿Vestiste tú su cuello de crines ondulantes?
(Job 38:12, 34-35, 41; 39:19).

Cuando Dios terminó de hablar, Job respondió:

Yo conozco que todo lo puedes,
Y que no hay pensamiento que se esconda de ti.
¿Quién es el que oscurece el consejo sin entendimiento?
Por tanto, yo hablaba lo que no entendía;
Cosas demasiado maravillosas para mí, que yo no comprendía...

De oídas te había oído;
Mas ahora mis ojos te ven.
Por tanto me aborrezco,
Y me arrepiento en polvo y ceniza
(Job 42:2-3, 5-6).

Job encontró a Dios y lo vio como creador y sustentador de todas las cosas, como el soberano que gobierna sobre todas las cosas. Al igual que Isaías, la única respuesta que pudo tener al verse a sí mismo bajo esa óptica fue temor santo.

Detente hoy y contempla las maravillas que Dios ha hecho. Alábalo cada día por el regalo de la vida.

El regalo de Emanuel

Como vimos en el capítulo anterior, el nombre más común para Dios es Yahvé o YO SOY. Aprendimos acerca de su significado e importancia a lo largo de las Escrituras. Aprendimos que se usa para describir la presencia de Dios en medio de su pueblo, su compromiso de pacto de ser nuestro Dios y de morar entre nosotros.

Lo asombroso es que el gran YO SOY, Aquel que no tiene principio ni fin, Aquel que puso las estrellas en el firmamento, Aquel que está rodeado de criaturas que no pueden mirar su rostro, Aquel que no pudo dejar a Moisés ver su rostro y vivir, tomó forma humana y habitó entre nosotros: "Y aquel Verbo fue hecho carne, y habitó entre nosotros (y vimos su gloria, gloria como del unigénito del Padre), lleno de gracia y de verdad" (Juan 1:14). Dios encarnado como un bebé humano, entretejido en el vientre y nacido de la virgen María.

La encarnación es un acto prodigioso que inspira asombro y admiración. Jesucristo es la segunda persona de la Trinidad, igual al Padre y al Espíritu Santo. Él siempre fue y siempre será. Él estuvo desde el comienzo del tiempo, cuando Él y el Padre determinaron salvar a su pueblo de sus pecados. Él estaba allí en la creación, cuando nuestro Dios trino produjo vida. Pablo nos dice en Filipenses 2 que Jesús no consideró el ser igual a Dios como algo a qué aferrarse, como una razón para no servir, sino que dejó los pasillos del cielo para venir a la tierra y tomó la forma de un siervo. Entró a este mundo no como rey, sino como un bebé. No vivió en un palacio, sino en una aldea como hijo de un carpintero. Así lo describe Isaías:

> Despreciado y desechado entre los hombres, varón de dolores, experimentado en quebranto; y como que escondimos de él el rostro, fue menospreciado, y no lo estimamos (Isaías 53:3).

En la encarnación, Jesús no renunció a su deidad, porque era plenamente Dios y plenamente hombre. Como Dios-hombre, Jesús podía hacer algo que nos resulta imposible: obedecer la ley de Dios. De ese modo se convirtió en el sacrificio perfecto por nuestro pecado: "Al que no conoció pecado, por nosotros lo hizo pecado, para que nosotros fuésemos hechos justicia de Dios en él" (2 Corintios 5:21).

La encarnación era la única manera de rescatarnos y redimirnos. Era la única manera de traernos de vuelta a la presencia de Dios. Era la única manera de hacernos suyas. ¡Qué prodigio! ¡Qué milagro! ¡Qué misterio! Como escribió Juan Calvino:

> Fue su misión devorar la muerte. ¿Quién sino la Vida podía lograrlo? Fue su misión conquistar el pecado. ¿Quién sino la Justicia podía lograrlo? Fue su misión derrotar los poderes del mundo y del aire. ¿Quién sino un poder superior al mundo y al aire podía lograrlo? Ahora bien, ¿dónde aparte de Dios hay vida, justicia, señorío y autoridad celestial? Por tanto, cuando nuestro gran Dios misericordioso deseó que fuéramos redimidos, se convirtió en nuestro Redentor en la persona de su Hijo unigénito".[2]

Lo más impresionante es que Jesucristo reina en el cielo en su cuerpo resucitado. Él no deja de estar encarnado. Considera lo que significa que Dios no solo se haya encarnado para vivir y morir por nosotras, sino que sea para siempre y por la eternidad el Dios-hombre, con cicatrices y todo.

Dedica tiempo hoy a hacer una pausa y a meditar en lo que significa que Dios se haya hecho carne por ti.

El regalo divino de la gracia

John Newton fue un pastor del siglo XVIII que influyó en William Wilberforce y en el movimiento abolicionista en Inglaterra. La mayoría de las personas que conocen a Newton lo conocen por su célebre himno "Sublime gracia". Nos damos

2. Juan Calvino, *The Institutes of the Christian Religion* (Filadelfia: Westminster Press, 1960), 2.12.3.

cuenta de cuán extraordinario es el himno cuando vemos cómo fue la vida de Newton antes creer en Cristo.

El padre de John Newton era marinero y John siguió sus pasos desde pequeño. Pasó su adolescencia en el barco de su padre y, en las temporadas cuando no navegaba, vivió de manera escandalosa y disoluta. En cierto momento se vio obligado a servir en la marina británica donde la disciplina férrea era la norma. Más adelante fue desechado porque no cooperaba ni acataba las reglas.[3] Luego regresó a la vida de marinero y se involucró en el tráfico de esclavos. La vida de Newton se volvió tan agitada y descontrolada que estuvo a punto de morir.

Considera lo que significa que Dios no solo se haya encarnado para vivir y morir por nosotras, sino que sea para siempre y por la eternidad el Dios-hombre, con cicatrices y todo.

Como muchos marineros de su tiempo, Newton sufrió un naufragio en el que casi pierde la vida. En marzo de 1748, estaba en el barco *Greyhound* cuando se desató una terrible tormenta en el mar. Estaba dormido cuando el agua irrumpió atravesando las paredes de su camarote y se despertó. Él y otros marineros pasaron la noche entera tratando de mantener el barco a flote. Durante este suceso, él oró, "¡Señor, ten misericordia!".[4] A partir de ese momento, él tomó con seriedad su fe, aunque pasó mucho tiempo antes de que se arrepintiera de la maldad del tráfico de esclavos.

A los veintinueve años sufrió un derrame cerebral que puso fin a sus días en el mar. Luego conoció a los predicadores del avivamiento Whitefield y Wesley, y asistió a sus reuniones

3. Stephen J. Nichols, "The Life of John Newton", 3 de julio de 2018, en *5 Minutes in Church History* (podcast), www.5minutesinchurchhistory.com/the-life-of-john-newton/.

4. Nichols, "The Life of John Newton".

evangélicas. Estudió las Escrituras y creció en su fe. Con treinta y tantos años siguió el llamado al pastorado.

Cuanto más crecía Newton en su fe, más se daba cuenta de las profundidades de su pecado y depravación. Cuanto más aprendía acerca de quién era Dios y lo que Él había hecho, más veía su necesidad urgente de gracia y más respondía con asombro, admiración y adoración.

La siguiente obra de Dios en la que quiero que nos concentremos es el regalo divino de la gracia por nosotros en Cristo. *Gracia* es una palabra que usan muchas personas, tanto dentro como fuera del cristianismo. Algunos la usan en el sentido de ser tolerante con uno mismo o con los demás, de rebajar las expectativas frente a la imposibilidad humana de acertar en todo. Es posible también que la usemos para hablar de bondad o compasión. Sin embargo, solo cuando encontramos el evangelio de la gracia como lo presenta la Biblia podemos proclamar junto con Newton: "¡Sublime gracia del Señor que un infeliz salvó!".

La gracia de Dios es más profunda y grandiosa de lo que entendemos. Su importancia es inmensurable. Es escandalosa y excesiva. Nada hay en este mundo que se le compare. Con toda seguridad hará falta una eternidad para alcanzar las profundidades de lo que significa para nosotras la gracia de Dios.

En términos teológicos, la gracia se resume en favor inmerecido. Es la bondad de Dios que no nos hemos ganado. Dios muestra su bondad en el regalo de la vida eterna por medio de la fe en Jesucristo. Aun así, esa gracia también es un favor del cual somos completamente indignos. No es solo que no hayamos logrado el favor de Dios, sino que ni siquiera somos dignos de él. Nacemos en pecado y, por tanto, merecemos la ira de Dios y la condenación eterna. Arthur Pink definió la gracia de Dios de la siguiente manera: "La gracia divina es el favor soberano y salvador de Dios expresado en el otorgamiento de bendiciones sobre aquellos que no lo merecen y de cuya parte no se exige pago alguno... Es completamente inmerecido y unilateral, absolutamente independiente de toda cualidad que provenga del sujeto a quien se le confiere".[5] Cuando examinamos la gracia de Dios en las Escrituras, vemos que está entretejida a todo lo largo y ancho de la salvación.

La gracia de Dios nos resucita de muerte a vida. La gracia de Dios por nosotros empezó en la eternidad pasada cuando nos escogió en Cristo para ser adoptados en la familia de Dios (Efesios 1:4-5). Por su gracia, Él nos resucita de la muerte espiritual y nos da vida nueva. Sin su gracia no podríamos responder al llamado del evangelio con fe, porque estábamos muertos en nuestros delitos y pecados (Efesios 2:1-6).

La gracia de Dios nos salva. Somos salvas por gracia por medio de la fe. La salvación es la obra de Dios en nosotras; no es nuestra propia obra, porque no podemos salvarnos a nosotras mismas. La fe misma es un don de Dios y el medio por el cual somos justificadas (Efesios 2:8). Como señaló Sproul: "A menos que nazcamos del Espíritu de Dios, a menos que Dios derrame su amor santo en nuestros corazones, a menos que Él se incline en su gracia para transformar nuestros corazones, no vamos a amarlo. Él es Quien toma la iniciativa de restaurar nuestras almas".[6]

La gracia de Dios nos enseña y nos instruye. Cuando Dios nos salva, no nos deja en nuestro pecado. Él perdona nuestro pecado en virtud del sacrificio de Cristo por nosotras y acepta la vida perfecta que Cristo vivió por nosotras. Sin embargo, Él no pasa por alto nuestro pecado ni nos deja ahí para que persistamos en ello. Antes bien, nos instruye por su gracia para que nos despojemos del pecado y nos vistamos de piedad. Pablo explicó esto en su carta a Tito: "Porque la gracia de Dios se ha manifestado para salvación a todos los hombres, enseñándonos que, renunciando a la impiedad y a los deseos mundanos, vivamos

5. Pink, *Attributes of God*, 66.
6. Sproul, *Holiness of God*, 180.

en este siglo sobria, justa y piadosamente, aguardando la esperanza bienaventurada y la manifestación gloriosa de nuestro gran Dios y Salvador Jesucristo, quien se dio a sí mismo por nosotros para redimirnos de toda iniquidad y purificar para sí un pueblo propio, celoso de buenas obras" (Tito 2:11-14)

La gracia de Dios nos santifica y transforma. Por su gracia, Dios nos cambia y transforma en la semejanza de su Hijo Jesucristo. Pablo habla de esta gracia que opera en su propia vida: "Pero por la gracia de Dios soy lo que soy; y su gracia no ha sido en vano para conmigo, antes he trabajado más que todos ellos; pero no yo, sino la gracia de Dios conmigo" (1 Corintios 15:10). Estamos llamadas a rendirnos a la obra que Dios hace en nuestro interior y a participar de ella, sabiendo que, conforme nos ocupamos de nuestra salvación, es Dios quien obra (Filipenses 2:12-13).

La gracia de Dios nos hace nuevas criaturas. Por su gracia, Dios completará la obra que empezó en nosotras. Él ha prometido terminar la obra de hacernos nuevas criaturas. Podemos confiar que Él nos fortalecerá, sostendrá y preservará hasta el fin cuando nos encontremos con nuestro Salvador en la gloria. Seremos transformadas y estaremos delante de Él sin mancha, "estando [persuadidas] de esto, que el que comenzó en [nosotras] la buena obra, la perfeccionará hasta el día de Jesucristo" (Filipenses 1:6).

De principio a fin, todo es por medio de la gracia de Dios. No la merecemos; no la hemos ganado. John Newton lo experimentó en carne propia. Por eso escribió: "Su gracia me enseñó a temer, mis dudas ahuyentó". ¡Por eso la gracia es sublime! ¿No te parece?

El regalo del Espíritu

Imagina que un pariente lejano ha fallecido y que has heredado una reliquia. Es un recuerdo de familia con un valor histórico y monetario. Sin embargo, a tu parecer no es más que un objeto que solo sirve para llenarse de polvo. Lo echas en algún cajón y te olvidas que existe. Más adelante, aprendes acerca de su historia y de la importancia que tiene para tu familia, y de cuánto vale.

Uno de los regalos de Dios para nosotras a menudo es pasado por alto o minimizado, se menosprecia o se deja por ahí en alguna repisa donde solo recibe atención esporádica. Pero este regalo es poderoso. Es vital para nuestra fe como lo es el aliento para nuestros pulmones. De hecho, es la fuerza activa que sustenta la vida, la fe y la Palabra de Dios. ¿Qué regalo es este? *El regalo del Espíritu Santo.*

La noche antes de ser traicionado, Jesús cenó con sus discípulos por última vez. Dio una charla que ha sido llamada el discurso del aposento alto, donde les enseñó acerca de su unión vital con Él, lo que sucedería después que Él partiera, y por qué era necesario que Él se fuera. El apóstol Juan documenta este discurso en Juan 14–17, un pasaje donde leemos que Jesús prometió que vendría el Espíritu Santo.

Jesús les dijo: "Y yo rogaré al Padre, y os dará otro Consolador, para que esté con vosotros para siempre" (Juan 14:16). En griego, la palabra *consolador* es *parákletos*.[7] Significa también "defensor, alguien que acude en nuestra ayuda". Se usaba con frecuencia en el medio legal para referirse a un abogado, alguien que intercede ante un juez a favor de un individuo. En algunos pasajes del Nuevo Testamento encontramos otra forma de esta palabra, *parakaléo*, que describe el consuelo y el aliento que Dios nos da y que de igual modo nosotros ofrecemos a otros.

El Espíritu Santo es la tercera persona de la Trinidad, en igualdad con el Padre y el Hijo. Él también estuvo en el momento de la creación, moviéndose sobre la faz de las aguas de un mundo que aún no había sido formado. De hecho, Él fue el agente de la creación; fue su poder y energía lo que produjo

7. *Strong's Concordance*, s.v. "*paraklétos*", https://biblehub.com/greek/3875.htm.

todo lo que vemos.[8] El Espíritu es también el agente que obró nuestro nuevo nacimiento en Cristo: "no por obras de justicia que nosotros hubiéramos hecho, sino por su misericordia, por el lavamiento de la regeneración y por la renovación en el Espíritu Santo" (Tito 3:5).

Es el Espíritu el que dio vida a nuestros corazones muertos para que pudiéramos responder al evangelio con una fe salvadora. Sin embargo, el Espíritu hace mucho más por nosotras. Él da testimonio de Cristo. Él es el autor de la Palabra de Dios (2 Pedro 1:21). Él habla verdad a nuestros corazones, nos instruye por medio de las Escrituras y nos recuerda lo que hemos aprendido. Nos convence de pecado y nos guía al arrepentimiento. Nos fortalece para que nos despojemos del pecado y nos vistamos de justicia. Produce fruto en nosotras como amor, gozo, paz y benignidad (Gálatas 5:22). Él nos ayuda a permanecer firmes en Cristo, nos da las palabras que necesitamos cuando es preciso hablar. Nos consuela con la verdad del evangelio. Nos da dones que podemos usar para edificar el cuerpo de Cristo. Intercede y ora por nosotras.

Con razón Jesús dijo a sus discípulos que les convenía que Él los dejara: "Os conviene que yo me vaya; porque si no me fuera, el Consolador no vendría a vosotros; mas si me fuere, os lo enviaré" (Juan 16:7). El Espíritu Santo vive dentro de nosotras; Él es el poder y la presencia misma de Dios que opera en nuestro interior. Aun cuando no lo sentimos, Él obra, formándonos y moldeándonos a la semejanza de Cristo. Él nos está preparando para nuestra glorificación futura cuando estaremos en la presencia de Dios para siempre.

Pablo nos dice en Efesios que el Espíritu Santo es el sello de Dios sobre nosotras que nos marca como suyas. En el pasado se sellaban con cera las cartas con la insignia del remitente, y

---

8. Alistair Begg, "Five Truths about the Holy Spirit", *Ligonier Blog*, Ligonier Ministries, 31 de enero de 2020, www.ligonier.org/blog/five-truths-about-holy-spirit/.

de igual modo el Espíritu Santo es la promesa de Dios para nosotras: "En él también vosotros, habiendo oído la palabra de verdad, el evangelio de vuestra salvación, y habiendo creído en él, fuisteis sellados con el Espíritu Santo de la promesa, que es las arras de nuestra herencia hasta la redención de la posesión adquirida, para alabanza de su gloria" (Efesios 1:13-14). Como señala Ferguson: "su presencia en nuestra vida es en sí misma la garantía de que toda bendición espiritual será nuestra. Más aún, este 'adelanto' es una primera entrega de la consumación final de las bendiciones que gozaremos en la resurrección".[9]

Pensar en este precioso regalo debe llenarnos de gozo. Debe llenarnos de asombro y admiración. ¿La presencia de Dios vive en nosotras? ¿El poder de Dios nos transforma? ¿La persona de Dios nos instruye? ¡Todo esto es asombroso! Dedica tiempo a estudiar la Palabra de Dios para aprender más acerca de la obra del Espíritu en tu interior. Y adora a Dios por su regalo formidable.

> Si Dios nos ha dado el regalo más grandioso, su Hijo, ¿cómo podemos pensar que no nos socorrerá en nuestros temores?

Este capítulo contiene maravillosas noticias para los corazones temerosos. Cuando tememos aquello que está por debajo de Dios, podemos poner nuestros ojos en lo que Él ha hecho por nosotras. Desde la vida y aliento hasta las maravillas de este mundo creado, desde la encarnación hasta nuestra justificación, desde el regalo del Espíritu hasta nuestra esperanza segura de glorificación, Dios ha hecho cosas asombrosas. Él nos ha dado riquezas sin medida. Como escribió Pablo en Romanos: "el que no escatimó ni a su propio Hijo, sino que lo entregó por todos nosotros, ¿cómo no nos dará también con él todas las cosas?" (8:32). Si Dios nos ha dado el

9. Sinclair Ferguson, *Let's Study Ephesians* (Edinburgo: Banner of Truth, 2005), 20.

regalo más grandioso, su Hijo, ¿cómo podemos pensar que no nos socorrerá en nuestros temores? ¿Cómo podemos pensar que no nos librará, ayudará o acompañará?

Meditemos en estos regalos que Dios nos ha dado. Es mi anhelo que estos regalos nos ayuden a crecer en nuestro temor de Él.

Guía de estudio

Capítulo 4: Teme al Señor por lo que Él ha hecho

Preguntas introductorias:

Piensa en algunos regalos memorables que hayas recibido. ¿Cuáles son algunos regalos en la vida que se pasan por alto fácilmente?

Lee y comenta:

1. ¿Cuáles son algunos lugares de la creación de Dios que más te gusta visitar? ¿Qué te dice su creación acerca de Él?

*2. Lee el Salmo 135. Hablen acerca de las obras de Dios que menciona el pasaje. ¿Cómo responde el salmista?

*3. Lee Juan 1:1-16. ¿Cuál es la importancia de la encarnación? ¿En qué sentido es la encarnación una obra o un don de Dios que nos impulsa a temerle? Mira también Hebreos

2:10-18. ¿Cuáles son las implicaciones que tuvo para el Hijo de Dios el hecho de haberse encarnado y de vivir en este mundo caído?

*4. Define *gracia*. ¿Qué uso erróneo se le da a esta palabra en algunos círculos eclesiales? ¿Y en el mundo? Lee Efesios 2:1-10. ¿Qué te dice esto acerca de la gracia de Dios?

5. Comenta la forma en que obra la gracia de Dios en cada aspecto de nuestra salvación: elección, justificación, santificación y glorificación. Cuando nos detenemos a considerar la gracia de Dios, ¿cuál debería ser nuestra respuesta?

6. Lee la letra del himno "Sublime gracia" de John Newton. (Si no tienes un himnario, puedes encontrar la letra aquí: https://cristianosoy.com/sublime-gracia/). Comenta el párrafo que dice "Su gracia me enseñó a temer, mis dudas ahuyentó". ¿Cómo crees que la gracia de Dios enseña a nuestro corazón a temerle?

7. Lee Romanos 5:12-21. ¿Cuántas veces menciona Pablo la palabra “don”? ¿Qué aprendes acerca de la gracia de Dios y de tu salvación a partir de este pasaje?

____

____

____

*8. Lee Juan 16:5-15. ¿Qué aprendes en este pasaje acerca de la obra del Espíritu Santo? ¿Cuál es la importancia de su obra? ¿De qué maneras no valoramos la obra del Espíritu Santo?

____

____

____

____

*9. ¿Qué lecciones extraes de este capítulo?

____

____

____

____

Oración

Ora agradeciendo al Señor todo lo que Él ha hecho. Alábalo por sus muchos dones de la gracia.

Capítulo 5

Crece en el temor del Señor

Todo aprendizaje exige tiempo y práctica. Esta es una lección que he enseñado a mis hijos. Después de todo, a ellos les gustaría montar bien en una bicicleta al primer intento, anotar una carrera la primera vez que usan un bate de béisbol o conseguir la máxima calificación en la prueba de ortografía antes de aprender las palabras. Pero la vida no funciona de esa manera. Todo logro exige trabajo y práctica continua. En relación con nuestro tema en cuestión, el temor del Señor debe convertirse en un hábito, el ritmo de nuestra alma, tan arraigado en nuestro ser que se vuelve nuestra respuesta natural.

Cualquier deportista olímpico puede dar fe de la cantidad de horas que dedican al entrenamiento de su deporte. Cualquier escritor te dirá cuánto tiempo dedica a construir una sola frase. Cualquier maestro te confirmará el esfuerzo que exige lograr que un estudiante progrese de una simple operación matemática hasta llegar al álgebra. Se necesita aprender, practicar, esforzarse, crecer.

Hasta ahora hemos visto lo que la Biblia nos enseña acerca

de nuestros temores y nuestro llamado a abandonar nuestros temores menores por el temor del Señor. Aprendimos lo que es el temor del Señor y por qué debemos temerle. En este capítulo hablaremos acerca de maneras prácticas de crecer en nuestro temor del Señor, porque el temor del Señor es algo que puede aprenderse. El salmista lo confirma: "Venid, hijos, oídme; el temor de Jehová os enseñaré" (Salmo 34:11).

No obstante, quisiera empezar con una advertencia, un recordatorio que te sirva a lo largo de tu lectura. El temor del Señor no es como una fórmula que aplicas a las situaciones temibles que enfrentas. No es una poción mágica. Tampoco se parece a las respuestas que los amigos bienintencionados podrían darte cuando dicen algo como "solo necesitas más fe y entonces no tendrás miedo". Temer al Señor no significa que nunca vuelvas a sentir temor ante circunstancias alarmantes. Antes bien, el temor del Señor es la actitud de tu corazón frente a las situaciones turbulentas de la vida. Es comprender que, a pesar de que enfrentas algo temible, hay Alguien más grande a tu lado. Es confiar, depender, amar, adorar, venerar, obedecer y honrar a Dios por encima de todo, aun cuando lo que enfrentas pareciera demasiado difícil y aterrador. También significa que tus temores menores no te controlan ni gobiernan tu vida, sino que los entregas a Aquel que gobierna sobre todo.

Temer al Señor no significa que nunca vuelvas a sentir temor ante circunstancias alarmantes. Antes bien, el temor del Señor es la actitud de tu corazón frente a las situaciones turbulentas de la vida.

Tal vez te preguntes, ¿cómo puedo alcanzar ese estado? ¿Cómo puedo crecer en el temor del Señor? ¿Cómo puedo desarrollar este temor para que se convierta en mi respuesta natural? Lo primero que debemos tener en cuenta es que, al igual que todos los aspectos de la vida cristiana, crecer en el temor del

Señor es una obra de la gracia de Dios en nosotras y a través de nosotras. Si bien hay una obra que Dios nos ha encomendado hacer, en última instancia es Él quien produce el fruto en nosotras. Pedro escribió: "Como todas las cosas que pertenecen a la vida y a la piedad nos han sido dadas por su divino poder, mediante el conocimiento de aquel que nos llamó por su gloria y excelencia" (2 Pedro 1:3). Dios no nos ha dejado a nuestra suerte para que produzcamos por nuestra cuenta este temor piadoso. Él ha provisto todo lo que necesitamos para que se produzca y crezcamos en Él. ¡Qué gracia tan maravillosa! El Señor nos llama a un temor santo y, además, nos da todo lo necesario para que lo experimentemos en nuestra vida. Veamos algunos aspectos de la gracia de Dios con la cual nos asiste en ese crecimiento.

La importancia de las buenas nuevas

Yo crecí en la iglesia y, si me hubieras preguntado acerca del evangelio cuando era niña, lo habría definido como las buenas nuevas para los perdidos. No lo habría considerado buenas nuevas para mí. Cuando niña no entendía el asombroso alcance de las buenas nuevas, y creía que eran solamente para quienes no conocían a Cristo. Pensaba que ellos necesitaban oír las buenas nuevas de lo que Jesús había hecho por ellos y que, después de hacer su confesión de fe, ya no necesitaban más el evangelio.

En mi vida adulta he aprendido que yo también necesito el evangelio. También necesito recordar y meditar en la historia de lo que Jesús ha hecho por mí. No es una historia que deba leer una sola vez y luego pasar a otros temas. No es como una historia fascinante que lees en el diario una mañana para luego tirarlo a la papelera de reciclaje. O como un correo electrónico informativo que lees y borras de inmediato. *Nunca* dejamos de necesitar el evangelio de la gracia. Son noticias que necesitamos oír una y otra vez. Es como programar nuestra canción favorita para escucharla repetidamente. En su carta a la iglesia en Roma,

Pablo explicó por qué estas nuevas eran tan importantes: "Porque no me avergüenzo del evangelio, porque es poder de Dios para salvación a todo aquel que cree; al judío primeramente, y también al griego. Porque en el evangelio la justicia de Dios se revela por fe y para fe, como está escrito: Mas el justo por la fe vivirá" (Romanos 1:16-17). Vivimos por la fe en el evangelio, porque es el punto culminante de la historia divina de la redención. Es la verdad más necesaria para nuestros corazones.

Si queremos crecer en el temor santo de Dios, debemos apropiarnos a diario de las verdades del evangelio. Repetirnos la historia del evangelio es una necesidad para nuestra vida. Como escribió Flavel: "La primera regla para superar el temor servil es considerar seriamente y estudiar a fondo el pacto de la gracia que es el fundamento de todo creyente".[1] Los teólogos dicen que uno debería predicarse el evangelio a sí mismo. Lo hacemos recordando a nuestro corazón la historia de la redención. Meditamos en la encarnación cuando Dios Hijo dejó la gloria celestial para tomar forma humana. Recordamos que Jesús nació de una mujer en un mundo caído, donde experimentó todas las penas, aflicciones, dificultades, pobrezas, tentaciones y preocupaciones de esta vida que conocemos tan bien, y aún así no pecó. Llevó una vida perfecta en nuestro lugar, cumpliendo así la ley a favor nuestro. Contemplamos la cruz donde Él soportó la ira de Dios en nuestro lugar y donde sufrió la muerte que nosotras merecíamos. También miramos más allá de la cruz el sepulcro vacío. En virtud de su justicia, la tumba no pudo retenerlo. Después de tres días resucitó triunfante y así conquistó el pecado y la muerte de una vez y para siempre.

Apliquemos estas verdades a nuestra vida cuando experimentemos convicción de pecado y necesitemos confesarlo y arrepentirnos. Apliquemos estas verdades cuando sintamos vergüenza de nuestro pecado y deseemos escondernos de Dios.

1. Flavel, *Triumphing Over Sinful Fear*, 63.

Apliquemos estas verdades cuando olvidemos quiénes somos en Cristo y necesitemos recordar el gran amor de Dios por nosotras. Apliquemos estas verdades cuando necesitemos ver a Dios más grande que nuestras circunstancias.

Cuanto más vivamos conscientes de las buenas nuevas, más veremos la profundidad y el alcance de la gracia de Dios por nosotras en Cristo. Nuestra respuesta natural ante la vida será de asombro, gratitud y amor. Y podemos decir junto con el salmista:

> Jehová es mi fortaleza y mi escudo;
> En él confió mi corazón, y fui ayudado,
> Por lo que se gozó mi corazón,
> Y con mi cántico le alabaré (Salmo 28:7)

Acostúmbrate a preguntarte diariamente: ¿Qué dice el evangelio acerca de ________? Sea cual sea la circunstancia, sea cual sea la ocasión, mira el evangelio y recuerda quién es Cristo y lo que Él ha hecho. Cuando ores, aplica el evangelio a tus oraciones, citando las verdades de la redención. Escucha música que te recuerde el evangelio; un buen punto de partida es el himno de Newton, "Sublime gracia".

La buenas nuevas son las mejores nuevas, tanto al principio de nuestra salvación como a lo largo de nuestra vida de fe.

Recuerda las obras de Dios

No sé tú, pero yo tengo mala memoria. Nada más esta mañana entré en una de las habitaciones de la casa para recoger algo y salí sin nada en la mano. Cuantos más asuntos tengo que manejar en mi vida, más olvido citas o tareas pendientes. Pongo recordatorios en mi portátil, escribo listas y anoto todo en un calendario.

Somos personas olvidadizas. Olvidamos nombres, cumpleaños y contraseñas. Pero lo peor es que olvidamos quién es Dios y lo que Él ha hecho.

Hubo un año en el que mi esposo casi pierde su empleo. Fue un período inquietante lleno de incertidumbre. No sabíamos si iban a despedirlo o si podría seguir trabajando. Si perdía su trabajo, ¿podría conseguir otro? ¿Podríamos pagar las cuentas? Me sentía preocupada y ansiosa. Durante esos meses de nerviosismo olvidé todas las maneras en que Dios me había dado su provisión y las décadas que evidenciaban su fidelidad en mi vida. Las innumerables veces en las que me había faltado algo y Él lo había suplido. Por cuenta de ese olvido me llené de temor de cosas banales y no del temor del Señor.

Los israelitas también fueron olvidadizos. Cuando Moisés vino a librarlos de la esclavitud de faraón, ellos vieron señales y prodigios extraordinarios. Vieron las diez plagas: el río convertido en sangre, las ranas y las langostas, y cómo la oscuridad más profunda se extendió por la tierra. Estuvieron presentes cuando el ángel de la muerte pasó por sus casas mientras al día siguiente el resto de Egipto lloraba la muerte de sus primogénitos. Fueron testigos del momento en el que se abrió el Mar Rojo para darles paso y cruzar a salvo a la otra orilla. Luego vieron con sus propios ojos cómo faraón y su ejército fueron devorados por las aguas cuando el mar volvió a su lugar.

> Nosotras también necesitamos meditar en las obras del Señor, no sea que como Israel olvidemos, nos quejemos y murmuremos. No sea que nuestros corazones se aparten de Dios y pensemos que volver a una vida de esclavitud y de temores menores sea más fácil. No sea que nos volvamos a ídolos falsos y pongamos en ellos nuestra esperanza de un rescate.

Con todo, tan pronto sintieron hambre por primera vez, respondieron diciendo: “Ojalá hubiéramos muerto por mano de Jehová en la tierra de Egipto, cuando nos sentábamos a las ollas de carne, cuando comíamos pan hasta saciarnos; pues nos habéis sacado a este desierto para matar de hambre a toda esta multitud" (Éxodo 16:3). Olvidaron los prodigios y las maravillas de Dios y la provisión divina, y de inmediato volvieron sus corazones a Egipto.

Esto se convirtió en un patrón del pueblo de Dios. Cada vez que enfrentaban una dificultad, se quejaban. Desafiaban a Moisés. Ansiaban regresar a la esclavitud. Incluso se fabricaron un becerro de oro para adorarlo por temor a que Moisés no regresara del monte para guiarlos (Éxodo 32). Todo se volvió para ellos más grande que el Dios que los había rescatado y redimido. Olvidaron las obras del Señor.

Entonces Dios instauró en su calendario anual algunas maneras de recordarlo. A través del día de reposo y de las fiestas anuales, celebraciones y recordatorios, Israel aprendió la importancia de recordar y reflexionar acerca de quién es Dios y de sus obras. En el Salmo 78:4, el salmista exhorta al pueblo de Dios a recordar lo que Dios ha hecho, incorporando estos recordatorios en su adoración, en forma de canción:

> No las encubriremos a sus hijos,
> Contando a la generación venidera las alabanzas de
> Jehová,
> Y su potencia, y las maravillas que hizo.

Nosotras también necesitamos meditar en las obras del Señor, no sea que como Israel olvidemos, nos quejemos y murmuremos. No sea que nuestros corazones se aparten de Dios y pensemos que volver a una vida de esclavitud y de temores menores sea más fácil. No sea que nos volvamos a ídolos falsos y pongamos en ellos nuestra esperanza de un rescate.

Podemos recordar que Dios es Creador cuando nos alejamos de nuestras junglas de concreto y exploramos su obra en la creación. Cuando escuchamos el rugido del mar o contemplamos una montaña que se eleva hasta el cielo, podemos exaltar y alabar a nuestro Creador por sus obras. Podemos llevar registro de nuestras peticiones de oración y de las respuestas del Señor a esas oraciones para así dar gracias por su fidelidad en escucharnos. Podemos recordar que Dios es Jehová Jireh, el Dios que suple las necesidades de su pueblo. Podemos recordar todas las maneras en que Él ha provisto para nosotras en el pasado y confiar en que Él suplirá nuestras necesidades en el presente. Flavel escribió algo similar: "Para subyugar tu temor servil debes documentar cuidadosamente tus experiencias de cómo Dios ha cuidado de ti y de su fidelidad contigo cuando has enfrentado peligros y angustias. Debes aplicar esto a tus temores presentes. Las experiencias documentadas son excelentes remedios".[2]

Todas las obras de Dios son buenas. Meditemos en esas obras y llevemos registro de ellas para no olvidarlas.

La lectura y el estudio de la Palabra de Dios

Nuestro Dios es un Dios personal. Él se comunica con nosotras. Él nos enseña quién es Él y lo que pide de nosotras. El medio principal como lo hace es la Biblia, la cual "es inspirada por Dios, y útil para enseñar, para redargüir, para corregir, para instruir en justicia" (2 Timoteo 3:16). A diferencia de cualquier otro libro que leamos: "La palabra de Dios es viva y eficaz, y más cortante que toda espada de dos filos; y penetra hasta partir el alma y el espíritu, las coyunturas y los tuétanos, y discierne los pensamientos y las intenciones del corazón" (Hebreos 4:12).

Todo lo que necesitamos saber para vivir para Dios en este mundo está consignado en sus páginas. La Biblia nos ayuda a permanecer en el camino estrecho. Cuando obedecemos su instrucción, ella nos guarda de pecar: "¿Con qué limpiará el joven su camino? Con guardar tu palabra" (Salmo 119:9). Es nuestro

2. Flavel, *Triumphing Over Sinful Fear*, 102.

tesoro y es más dulce que la miel (v. 103). Nos instruye, dirige, convence, alienta y fortalece. La Palabra de Dios es nuestra vida (Deuteronomio 32:47).

Ante todo, la Palabra de Dios nos habla acerca de *la* Palabra, Jesucristo. Él es la Palabra de Dios encarnada en forma humana: "Él es la imagen del Dios invisible, el primogénito de toda creación" (Colosenses 1:15; Hebreos 1:3). Toda sabiduría y conocimiento se encuentran en Él (Colosenses 2:3). Jesús es el tema principal de la Biblia. Cada pasaje habla de Él. Él es el héroe de la historia, el personaje principal. Si quieres conocer el temor del Señor, mira a Jesús, el ejemplo supremo de alguien que temió al Señor en nuestro lugar (Isaías 11:3).

Si queremos crecer en el temor del Señor, la Palabra de Dios debe ser el centro de nuestra atención. Todo lo que necesitamos saber acerca de Dios y de por qué debemos temerlo se encuentra en sus páginas. Como señala Ed Welch: "La Biblia entera es un libro de texto acerca del temor del Señor"[3]. En efecto, aparte de la Palabra no podemos esperar crecer en un temor santo de Dios. El puritano Juan Bunyan pasó mucho tiempo en prisión por causa de su fe. Él escribió un libro excelente acerca del temor, donde subrayó la importancia de permanecer en la Palabra de Dios: "Porque en la medida en que el hombre que se nutre de la buena doctrina teme a Dios. Si se nutre mucho de ella, lo teme en gran manera; si se nutre de ella solo un poco, lo teme muy poco; si no se nutre en absoluto, no lo teme en absoluto".[4]

Si quieres conocer el temor del Señor, mira a Jesús, el ejemplo supremo de alguien que temió al Señor en nuestro lugar (Isaías 11:3).

3. Welch, *When People Are Big and God Is Small*, 103.

4. Juan Bunyan, *A Treatise on the Fear of God*, ed. George Offor (Londres: N. Ponder, 1679), 60, https://www.monergism.com/thethreshold/sdg/bunyan/A_Treatise_on_the_Fear_of_God_-_John_Bunyan.pdf.

A medida que leemos y estudiamos la Palabra, podemos preguntarnos: ¿Qué me enseña este pasaje acerca de Dios? Podemos buscar más ejemplos de sus atributos y características. Podemos tomar nota de los muchos nombres que usa para describirlo. Podemos buscar evidencias de cómo reaccionaron las personas cuando tuvieron un encuentro con el Señor. Podemos tomar nota de cómo se manifiesta una vida de temor santo al Señor. Y podemos leer más acerca de lo que Él ha hecho por nosotras en Cristo.

La oración y la comunión con el Señor

En Juan 15, Jesús usó la metáfora de una vid y sus ramas para explicar cómo debemos permanecer en Él:

> Permaneced en mí, y yo en vosotros. Como el pámpano no puede llevar fruto por sí mismo, si no permanece en la vid, así tampoco vosotros, si no permanecéis en mí. Yo soy la vid, vosotros los pámpanos; el que permanece en mí, y yo en él, este lleva mucho fruto; porque separados de mí nada podéis hacer. El que en mí no permanece, será echado fuera como pámpano, y se secará; y los recogen, y los echan en el fuego, y arden. Si permanecéis en mí, y mis palabras permanecen en vosotros, pedid todo lo que queréis, y os será hecho. En esto es glorificado mi Padre, en que llevéis mucho fruto, y seáis así mis discípulos (vv. 4-8).

A pesar de que no tengo habilidad para la jardinería, entiendo el mecanismo por el cual una rama recibe vida de una vid. Miro por mi ventana y veo plantas con flores, árboles y arbustos. Conozco los factores esenciales que les ayudan a crecer y florecer. Entiendo que una rama no puede crecer separada de la fuente de su vida ni llevar fruto por sí sola. Como resultado, este pasaje me ayuda a comprender de qué manera estoy unida a Cristo, y que Él es la fuente de mi vida y de mi fortaleza. Él me alimenta espiritualmente. Él nutre mi alma. Él provee lo que necesito. Nada puedo hacer aparte de Él. Para crecer y prosperar en mi fe, tengo que permanecer en Jesús.

La oración es un aspecto esencial para permanecer. Es un privilegio que reciben los hijos del Padre y que compró para nosotras nuestro hermano mayor, Jesucristo. Nuestra oración es la respuesta a lo que hemos aprendido en la Palabra de Dios. Dios usa nuestras oraciones para llevar a cabo su voluntad en nuestra vida y en la vida de otros. La oración también es la manera como expresamos nuestra unidad con Cristo. Cuando oramos en Él recibimos de Él todos los beneficios de nuestra unión. Cuando derramamos nuestro corazón delante de Él, dependemos más de Él y menos de nosotras mismas. Descubrimos que nuestro corazón se transforma para desear lo que Dios quiere y no lo que nosotras queremos. Nuestro anhelo de que su gloria y fama, y no la nuestra, se extienda por todo el mundo crece más y más. Puesto que sus palabras permanecen en nosotras, nos resulta inevitable anhelar que su voluntad se haga en nuestra vida. En efecto, la oración no solo nos alimenta y nutre, sino que nos transforma.

Juan Bunyan nos exhorta a orar y a pedir al Señor que aumente nuestro temor de Él:

> ¿Has de crecer en esta gracia de temer? Entonces persevera en mucha oración a Dios para que abunde y crezca… Ora para que Dios acerque tu corazón para temer su nombre; así se crece en la gracia de temer… porque es el alma que ora, el creyente poderoso en oración el que posee un corazón donde crece el temor de Dios. Cuídate, pues, de tener un corazón que no ora, si has de crecer en esta gracia del temor de Dios. La oración es como el cántaro que recoge agua del arroyo y con el cual se riegan las plantas; rompe el cántaro y no sacará agua, y a falta de ella el jardín se marchita.[5]

5. Bunyan, *Treatise on the Fear of God*, 121.

Podemos orar a una hora determinada como lo hizo Daniel. Podemos orar con una estructura definida como Jesús enseñó en Mateo 6. Podemos orar con acción de gracias como hicieron los salmistas u oraciones de confesión como hizo el pueblo de Dios en Nehemías 9. Podemos elevar oraciones de lamento como hizo nuestro Señor en el huerto de Getsemaní.

También podemos hacer oraciones breves repartidas a lo largo del día. Dichas oraciones se dan en la intensidad del momento cuando enfrentamos temores durante el día, cuando necesitamos la sabiduría de Dios para tomar una decisión difícil, cuando recibimos la noticia de un ser querido que necesita sanidad. Hay oraciones rápidas que pueden hacerse en cualquier lugar y en cualquier momento. Podemos orar mientras conducimos el auto (¡con nuestros ojos abiertos!), mientras hacemos compras o hablamos por teléfono. Estas oraciones son parte de una conversación larga y constante con nuestro Señor.

Crecemos en nuestro temor del Señor cuando tenemos comunión con Dios en oración. Cuando vemos que obra por medio de nuestras oraciones, con las que transforma nuestra vida y nuestra alma, y la vida de otros. Y nos maravillamos frente a su poder y su gracia. Comprendemos bajo una nueva perspectiva cuán dependientes somos de Él. Nos inspira humildad saber que Él obra por medio de vasijas tan frágiles. Y nuestra respuesta es mayor asombro y admiración.

Ora y pide al Señor que te ayude a crecer en el temor de Él.

Adora al Señor

Hemos visto que quienes encuentran a Dios caen delante de Él en adoración. Esta es la respuesta apropiada de alguien que teme a Dios. Después de todo, fuimos creadas para adorar a nuestro Hacedor. Fuimos hechas para glorificarlo, como dice el Señor en Isaías 43:7:

Todos los llamados de mi nombre; para gloria mía los he creado, los formé y los hice.

Adoramos a Dios en nuestra vida cotidiana cuando vivimos para su gloria y no la nuestra. Adoramos a Dios dándole el honor y la reverencia que Él merece. Como escribió el salmista: "Dad a Jehová la gloria debida a su nombre; adorad a Jehová en la hermosura de la santidad" (Salmo 29:2). Solo Él es Dios. Solo Él es nuestro Hacedor. Solo Él reina sobre todo. La adoración es asignar a Dios aquello que le corresponde: "Adorad a Jehová en la hermosura de la santidad; temed delante de él, toda la tierra" (Salmo 96:9).

Adorar es honrar y exaltar a nuestro gran Dios. Es darle gracias y alabarlo por lo que Él es y por lo que Él ha hecho. Lo adoramos cuando lo alabamos en nuestro corazón, reconociendo sus rasgos y atributos específicos. Adoramos cuando le damos gracias por su bondad continua para con nosotras. Lo adoramos cuando leemos su Palabra y nos detenemos y contemplamos alguna verdad nueva que hemos aprendido acerca de Él. De hecho, la adoración abarca todo lo que hemos mencionado hasta ahora en el capítulo. Incluye oración y estudio, recordar las obras de Dios y permanecer en el evangelio. Utilizamos todos esos medios para inclinarnos en reverencia delante de nuestro Dios admirable y para darle honra.

> "Dad a Jehová la gloria debida a su nombre; adorad a Jehová en la hermosura de la santidad" (Salmo 29:2).

Dios también ha llamado a cada uno de sus hijos a la adoración organizada, a congregarse con los santos en el día del Señor. Jesús prometió que dondequiera que dos o más se reúnen en su nombre, Él está presente en medio de ellos (Mateo 18:20). El libro de Hechos relata que la iglesia primitiva se reunía sistemáticamente para orar, oír la predicación de la Palabra y partir el pan (Hechos 2:42). El autor del libro de Hebreos nos exhorta a no abandonar la adoración corporativa (10:25).

La adoración con el cuerpo de Cristo es una oportunidad única para que manifestemos el temor del Señor. Cuando oímos la predicación de la Palabra recordamos una vez más quién es Dios y lo que Él ha hecho. El predicador nos señala la grandeza y la majestad de Dios. Nos exhorta a amarnos y a obedecer a Dios en respuesta a todo lo que Él ha hecho por nosotras en Cristo. Habla acerca del pecado, del evangelio de la gracia y del camino al arrepentimiento. Durante el tiempo de adoración cantamos y exaltamos el gran nombre de nuestro Salvador. Gustamos del pan y del vino en memoria del sacrificio de Cristo por nuestro pecado. Todo esto es adoración. Todo esto expresa a Dios la gloria y la honra que le corresponden.

Juan 4:24 nos enseña que la adoración incluye dos cosas: "Dios es Espíritu; y los que le adoran, en espíritu y en verdad es necesario que adoren". Lo adoramos en espíritu cuando lo adoramos con todo nuestro corazón. Lo adoramos con sinceridad y seriedad. Lo adoramos con un corazón contrito y humillado. Como el leproso que regresó junto a Jesús para darle gracias, adoramos a Dios con un corazón sincero y afectuoso que conoce el abismo de nuestra depravación y el fondo insondable de la gracia de Dios.

Adoramos a Dios en verdad cuando lo adoramos como Él nos enseñó en su Palabra. Usamos su Palabra que nos sirve de guía para desarrollar nuestro orden de adoración. No lo adoramos para exaltarnos a nosotras mismas, sino para exaltarlo a Él. No planeamos nuestra adoración para agradar a los asistentes, sino para agradar a quien adoramos. Con esto, salimos de nuestra adoración espiritualmente enriquecidas y renovadas, listas para glorificar a Dios con nuestra vida.

Crece en tu temor del Señor encontrándote con Él en adoración.

Examina tu corazón

Cuando Pablo escribió acerca de la vida cristiana de fe usó la imagen de "despojarse" y "vestirse". En virtud de lo que somos en Cristo debemos despojarnos de nuestra manera de vivir pecaminosa y vestirnos de la justicia de Cristo. Así como nos quitamos un abrigo para ponernos uno diferente, debemos despojarnos de nuestro antiguo yo, la manera como vivíamos antes: "Despojaos del viejo hombre, que está viciado conforme a los deseos engañosos, y renovaos en el espíritu de vuestra mente" (Efesios 4:22-23). De igual modo, debemos hacer morir pecados como la avaricia, la ira, la malicia y otros (Colosenses 3:5, 8).

Como una nueva creación debemos revestirnos del nuevo hombre y de las cualidades de carácter cristiano como la misericordia, la humildad y el amor (Colosenses 3:12-14). En nuestro nuevo yo debemos permitir que gobierne la paz de Dios, y ser agradecidas (v. 15). Debemos dejar que la Palabra de Dios more en nosotros al punto que nos hablemos los unos a los otros con esa palabra, respondiendo en alabanza y cánticos al Señor (v. 16). Y todo lo que hacemos, hacerlo en el nombre de Cristo (v. 17).

Gran parte de lo que he hablado en este capítulo tiene que ver con esta acción de revestirse. Ahora quiero enfocarme en algunas cosas de las cuales debemos despojarnos para crecer en nuestro temor del Señor.

Despójate de la idolatría

En el capítulo 1 señalé que nuestros temores menores giran en torno a aquello que amamos y anhelamos. Todo aquello que amamos más que a Dios es un ídolo al que adoramos en nuestro corazón. Un ídolo puede ser cualquier cosa, incluso los buenos regalos que Dios nos da. Podemos adorar la familia, el éxito, la afirmación, el control, la comodidad, entre otros. Cuando amamos algo y ese algo parece amenazado de alguna manera, es posible que reaccionemos con temor. Por ejemplo, si hemos ansiado durante mucho tiempo tener un trabajo específico, de alcanzar cierto nivel de éxito profesional, y el trabajo soñado nos es arrebatado, nuestra reacción revela si era un ídolo en nuestro corazón. Flavel escribió: "La intensidad de nuestros afectos es lo que le imprime fuerza a nuestras aflicciones".[6]

Nos aferramos a aquello que más amamos. Se convierte en nuestra identidad. Es lo que nos da sentido y propósito. Llega a convertirse en nuestra razón de ser. Si tenemos ídolos en nuestro corazón, no queda lugar para el temor del Señor. Así pues, debemos examinar nuestro corazón y ver si en él abrigamos afectos que compiten con el amor por el Señor. Debemos quitarlos y reemplazarlos con un amor mayor por el Señor.

Despójate de la arrogancia

La humildad es una cualidad esencial del temor piadoso. Una persona temerosa de Dios depende de Dios para todo. Conoce su corazón obstinado y las profundidades de su depravación. Entiende el evangelio de la gracia y el hecho de que viene delante de Dios con las manos vacías. No confía en sus propias obras, su conocimiento o sus virtudes, sino que descansa en la obra consumada de Cristo para su salvación.

Para temer al Señor debemos despojarnos de toda arrogancia. No podemos confiar en nosotras mismas. Esto incluye nuestra teología, nuestras obras para el reino, la iglesia a la que asistimos o nuestra fidelidad en nuestro tiempo devocional diario. No podemos mirar a las personas que saben menos Biblia que nosotras y creernos más que ellas. Debemos despojarnos de todas estas cosas y revestirnos de la humildad de Cristo como la describe Filipenses 2, cuando Jesús "se despojó a sí mismo, tomando forma de siervo, hecho semejante a los hombres; y estando en la condición de hombre, se humilló a sí mismo, haciéndose obediente hasta la muerte, y muerte de cruz" (vv. 7-8).

---

6. Flavel, *Triumphing Over Sinful Fear*, 85.

Despójate de la mundanalidad

Por último, para crecer en el temor del Señor es preciso que te despojes de la mundanalidad. La mundanalidad es el amor al mundo, pero no en el sentido de amar al prójimo y desear que conozca la salvación de Cristo. La mundanalidad es un amor por las *cosas* de este mundo, las creencias, actitudes, comportamientos y tentaciones que exhibe con tanto orgullo. Como escribió Juan: "No améis al mundo, ni las cosas que están en el mundo. Si alguno ama al mundo, el amor del Padre no está en él" (1 Juan 2:15). Es un amor por las cosas que nos impide amar a Dios. Es un amor por aquello que exalta el pecado. Cuando tememos al Señor, odiamos todo lo que es malo y contrario a Dios y sus mandamientos: "El temor de Jehová es aborrecer el mal" (Proverbios 8:13).

> Una persona temerosa de Dios depende de Dios para todo. Conoce su corazón obstinado y las profundidades de su depravación. Entiende el evangelio de la gracia y el hecho de que viene delante de Dios con las manos vacías.

Debemos vivir en el mundo, pero no ser del mundo. Nuestra vida no debe tomar la forma del mundo que nos rodea, sino conformarse a la Palabra de Dios, como escribió Pablo: "No os conforméis a este siglo, sino transformaos por medio de la renovación de vuestro entendimiento, para que comprobéis cuál sea la buena voluntad de Dios, agradable y perfecta" (Romanos 12:2). Para temer al Señor debemos amarlo y servirlo solo a Él. Así pues, temamos al Señor haciendo morir nuestro amor a lo pecaminoso y busquemos lo que honra a Dios.

Hay más por aprender acerca de temer al Señor. A continuación veremos el fruto del temor a Dios. ¿Qué sucede cuando le tememos? ¿Qué cambios observamos en nuestra vida?

Guía de estudio

Capítulo 5: Crece en el temor del Señor

Preguntas introductorias:

Habla acerca del trabajo necesario para lograr una meta o cultivar un buen hábito. Comenta alguna meta por la cual hayas trabajado. ¿Qué se necesitó para lograrla? En seguida, habla acerca del crecimiento espiritual. ¿Cómo crecemos como cristianas?

____

____

____

____

____

Lee y comenta:

*1. ¿Cómo definirías el evangelio? ¿Para quién son buenas noticias? Lee Colosenses 1:3-8. ¿Cómo describe Pablo el evangelio?

____

____

____

____

2. ¿Cómo te ayudaría recordar el evangelio cada día para crecer en tu temor del Señor?

____

____

____

*3. Lee el Salmo 78. ¿Cuáles son algunas obras específicas de Dios que te llaman más la atención? Comenta las obras de Dios en tu propia vida. ¿De qué maneras ha sido fiel? ¿Cómo podría el hecho de fijar tu corazón en las obras de Dios ayudarte a crecer en tu temor de Él?

____

____

____

____

*4. Lee una porción del Salmo 119. Anota una lista de lo que aprendes acerca de la Palabra de Dios. ¿Qué aprende el salmista de ella? ¿Cómo transforma su vida?

____

____

____

5. Lee Juan 15:1-7. Escribe en una tabla lo que aprendes acerca de la vid y los pámpanos. ¿Qué sucede cuando permanecemos en Cristo? ¿Qué sucede cuando no?

____

____

____

6. Jerry Bridges escribió: "Nuestros cultos de adoración corporativa deben caracterizarse por asombro, reverencia, adoración, honra y amor a Dios… Esto significa que Dios y su gloria deben ser el centro de nuestras reuniones".[7] ¿Cómo has observado esto en las iglesias en las que has participado? ¿Qué puedes hacer antes de la adoración a fin de preparar tu corazón para poder adorar al Señor de esa manera? Lee

7. Bridges, *Joy of Fearing God*, 247.

Salmos 99 y 138 y comenta lo que aprendes del salmista acerca de adorar a Dios.

____

____

____

7.*Lee Colosenses 3:1-17. ¿Qué nos ha sucedido desde que somos seguidoras de Cristo (vv. 1-4)? ¿Cómo debería ser ahora nuestra vida? ¿Cuáles son algunas cosas de las que necesitas despojarte a fin de crecer en un temor santo del Señor? ¿Cuáles son algunas cosas de las que necesitas revestirte?

____

____

____

____

8.*¿Qué lecciones extraes de este capítulo?

____

____

____

____

Oración

Pide al Señor que te ayude a crecer en el temor de Él. Ora para que el Espíritu obre en ti, ayudándote a despojarte de las cosas que estorban tu temor santo y a revestirte de aquellas cosas que te ayudan a crecer en Él.

Capítulo 6

El fruto del temor santo

Cada invierno mi vecina y yo nos encontramos en igualdad de condiciones, al menos en lo que respecta a la apariencia de nuestros jardines: desnudos, áridos, vacíos. Entonces llega la primavera y, con ella, nueva vida. Y nuestros jardines se ven completamente diferentes.

Desde la primavera hasta el verano observo estallidos de color en cada rincón del jardín de mi vecina. Los brotes en las ramas se convierten en hojas nuevas. Aparecen flores en gamas de amarillo, rojo y violeta. La hierba tupida se torna de un verde intenso. Todo está lleno de vida y florece.

Yo, en cambio, no sé cómo mantener vivas las plantas. Comparado con el de mi vecina, mi escuálido jardín da lástima. Mis árboles no florecen y, cuando lo hacen, es solo a medias. Por alguna razón mis narcisos tardan varias semanas en aparecer, mucho más que todos los demás. Y estoy casi segura de que algo anda mal con mis azaleas; apenas sí florecen.

En el caso de muchas plantas, una señal de vida y salud

vegetal son las flores que producen. Lo mismo es cierto respecto a las plantas que producen fruto como manzanos, naranjos, arbustos de bayas y vides. Cuando la mayoría de nosotras quiere un fruto, lo compramos en la tienda. Pocas personas cultivan sus propias frutas, de modo que no somos muy conscientes del proceso que ocurre desde la semilla y la flor hasta el fruto que consumimos.

Nuestra familia vivió en el sur de Florida durante muchos años. El estado de Florida es famoso por su producción de frutas cítricas, en especial naranjas. Sin embargo, en el siglo XIX, Jensen Beach, un pequeño pueblo costero cerca del lugar donde vivíamos, tenía una pujante industria de piña. Aunque ya no existe, hasta el día de hoy se celebra un festival anual.

Mis suegros tienen algunas plantas de piña y, cada vez que visito su casa en Florida, me gusta echarles un vistazo a su crecimiento. Las piñas son un fruto interesante. Definitivamente son duras por fuera y puede ser difícil partirlas. Sin embargo, lo que las hace únicas es su forma de crecer. Si cortas la corona de una piña y la siembras, en dos años y medio cosechas una piña. Sí, una piña. Cada planta produce un solo fruto a la vez.

Jesús explicaba con frecuencia verdades espirituales citando el mundo natural de su entorno, como las plantas y los árboles. En el libro de Lucas enseñó que el buen árbol da buen fruto y el mal árbol da malos frutos (6:43-45). También contó una parábola acerca de una higuera estéril en la que relató que su viñador pidió al dueño un año más para ver si el árbol producía fruto y, en caso contrario, la cortaría (Lucas 13:6-9). Por lo que vimos el capítulo 5 sabemos que Jesús se comparó con una vid y nosotros con los pámpanos, para enseñarnos que a menos que permanezcamos en Él no podremos dar fruto.

A propósito de nuestro tema del temor santo, si tememos al Señor veremos su manifestación en nuestra vida. Ese temor llevará fruto en nosotras. Aunque le tome tiempo crecer, como a una planta de piña, crecerá. Mientras que nuestros temores menores producen mal fruto en nuestra vida, podemos esperar que el temor del Señor producirá buen fruto. En este capítulo vamos a explorar esa clase de fruto.

El fruto de la sabiduría

El libro de Proverbios pertenece a la categoría de literatura sapiencial. El libro, escrito principalmente por un padre para su hijo, muestra el camino de la sabiduría en contraste con el camino de la insensatez. La sabiduría no es simplemente conocimiento intelectual, sino la puesta en práctica de ese conocimiento a la vida. No es simplemente conocer la forma correcta de actuar en una situación, sino actuar en consecuencia y hacer lo correcto. Proverbios nos exhorta a buscar la sabiduría, a procurarla cueste lo que cueste. Compara la sabiduría con una mujer que invita a un banquete. Algunas personas atienden a su llamado, otras no. Algunas reconocen el valor de la sabiduría como algo más precioso que el oro puro. Otras prefieren el camino de la insensatez y sufren las consecuencias.

Proverbios habla mucho acerca del temor del Señor. Empieza en el capítulo 1 diciendo: "El principio de la sabiduría es el temor de Jehová; los insensatos desprecian la sabiduría y la enseñanza" (v. 7). El temor del Señor y la sabiduría están estrechamente relacionados. La sabiduría empieza con el temor del Señor; si temes al Señor crecerás en sabiduría. Esto sucede porque Dios es la fuente de toda sabiduría:

> Porque Jehová da la sabiduría,
> Y de su boca viene el conocimiento y la inteligencia.
> Él provee de sana sabiduría a los rectos;
> Es escudo a los que caminan rectamente (2:6-7).

Cuando tememos al Señor con un temor filial deseamos aprender de Él. Queremos seguir sus caminos. Queremos agradarle y hacer lo que le honra. Por consiguiente, buscamos su sabiduría.

A medida que crecemos en sabiduría tomamos decisiones sabias. Seguimos el camino estrecho que Dios ha trazado para nosotras en lugar de ir por el camino de la insensatez. Buscamos la voluntad de Dios en lugar de nuestra propia voluntad, porque quien teme al Señor confía solo en Él:

> Fíate de Jehová de todo tu corazón,
> Y no te apoyes en tu propia prudencia.
> Reconócelo en todos tus caminos,
> Y él enderezará tus veredas (Proverbios 3:5-6).

A través del relato de la vida de Noé vemos que era un hombre temeroso de Dios, muy diferente de los que le rodeaban. En tiempos de Noé "la maldad de los hombres era mucha en la tierra" (Génesis 6:5). Dios resolvió destruir el mundo que había creado y ordenó a Noé construir un arca para salvarlo a él y a su familia. Noé obedeció: "Por la fe Noé, cuando fue advertido por Dios acerca de cosas que aún no se veían, con temor preparó el arca en que su casa se salvase" (Hebreos 11:7). Podemos imaginar lo extraño que habría parecido construir una embarcación tan gigantesca. Sus vecinos probablemente pensaron que estaba loco y se preguntaban dónde iba a navegar. Como ellos no temían al Señor, carecían de la sabiduría para ver que el juicio era inminente. Noé anduvo en el temor del Señor y buscó su sabiduría por encima de la del mundo.

En esta era posterior a la cruz, Jesús es la sabiduría encarnada. Si deseamos conocer la sabiduría, miramos a Jesús.

En esta era posterior a la cruz, Jesús es la sabiduría encarnada. Si deseamos conocer la sabiduría, miramos a Jesús. Él vivió y enseñó la sabiduría de Dios. Con todo, la sabiduría de Dios parece necedad a los ojos del mundo. El perdón de pecados por medio de la fe en Cristo parece absurda a quienes se pierden. Buscar glorificar a Dios con nuestra vida en vez de buscar nuestra propia gloria parece una idea descabellada. Como escribió Pablo: "Porque la palabra de la cruz es locura a los que se pierden; pero a los que se salvan, esto es, a nosotros, es poder de Dios" (1 Corintios 1:18).

La sabiduría nos llama y nos invita a un banquete. Que todos los que temen a Dios atiendan su llamado.

El fruto de la obediencia

Obedecemos a quienes tememos. Sabemos esto de sobra en lo que concierne a nuestros temores menores. Si tememos lo que otros piensan obedeceremos ese temor haciendo todo lo posible por ganarnos la aprobación de otros. Nos esforzamos para no decepcionar a los demás. Luchamos para aplacar y complacer a otros. Si tememos el futuro organizamos toda nuestra vida con el propósito de controlar los imprevistos que tememos. Tal vez adoramos el control al buscar soluciones a lo que tememos, y confiemos en esas soluciones como nuestra salvación. Cualquier cosa que tememos nos exigirá obediencia. Por eso muchas veces nos sentimos gobernadas y controladas por nuestros temores menores.

Por su parte, Dios nos llama a que lo obedezcamos. Antes de que Israel entrara en la tierra prometida, Moisés los preparó recordándoles la ley de Dios y exhortándolos a obedecerla: "para que temas a Jehová tu Dios, guardando todos sus estatutos y sus mandamientos que yo te mando, tú, tu hijo, y el hijo de tu hijo, todos los días de tu vida, para que tus días sean prolongados" (Deuteronomio 6:2). El pueblo de Dios debía temer a Dios guardando sus mandamientos, porque obedecer a Dios es "la expresión concreta del temor del Señor".[1]

En el libro de Éxodo vemos un ejemplo de mujeres que vivieron en el temor del Señor por medio de la obediencia. Después

1. Welch, *When People Are Big and God Is Small*, 99-100.

de la muerte de José y su familia, los hebreos aumentaron en número y el rey de Egipto temió que un día se sublevaran contra él. Así que ordenó a las parteras hebreas, Sifra y Fúa, matar a todos los bebés varones que nacieran. La Biblia dice que ellas rehusaron hacerlo porque temieron al Señor (Éxodo 1:17). En lugar de acatar la orden de faraón, salvaron a los bebés varones. Temieron a Dios en vez de temer al hombre y, movidas por ese temor, obedecieron a Dios a pesar de las nefastas consecuencias que podían sufrir por no obedecer el mandato del rey.

A medida que crecemos en nuestro temor del Señor crece también nuestra obediencia. A medida que aprendemos acerca de la santidad de Dios y vemos nuestra verdadera condición, comprendemos la gravedad de nuestra depravación y la obra extraordinaria de Dios para redimirnos del pecado. A medida que permanecemos firmes en lo que Él es y en lo que ha hecho, crecemos en nuestro temor de Él. Creceremos en nuestro amor, honor, confianza, admiración y referencia a Él. Y, como resultado, también desearemos obedecerlo. Evitaremos decepcionarlo o deshonrarlo. Descubriremos que queremos lo que Él quiere. Llegaremos a odiar nuestro pecado y a amar la justicia. Desearemos vivir para Él y seguir sus caminos. Desearemos exaltar su nombre con nuestra vida misma.

La obediencia es un fruto del temor santo. Pide al Señor en oración que te ayude a desarrollar y cosechar este fruto en tu vida.

El fruto de la confianza

Cuando nuestros temores menores nos gobiernan, impiden que confiemos en el Señor. Terminamos preocupadas por todo lo que "podría pasar" en la vida. Nos preocupamos por el futuro. Nos preocupamos por lo que otros piensan de nosotras. Dejamos de intentar cosas nuevas por miedo a fracasar. Cuando nos enteramos de malas noticias nuestro corazón se angustia.

En cambio, cuando crecemos en el temor del Señor nuestro

corazón produce una cosecha de confianza. Descubrimos que miramos al futuro con expectativa y emoción, curiosas de saber lo que Dios nos tiene preparado. Sabemos que, sin importar lo que sea, será para nuestro bien. No nos aferramos a nuestros planes, sino que confiamos en el plan soberano de Dios. No nos aterroriza tomar decisiones por temor a afectar la voluntad de Dios porque conocemos su ley moral y solo deseamos hacer lo que le glorifica. En vez de esperar que aparezcan señales en el camino o que se abra una puerta delante de nosotras, avanzamos con fe sabiendo que Dios camina a nuestro lado.

Gracias a que tememos al Señor, cuando nos enteramos de malas noticias (un diagnóstico inesperado, la pérdida de un trabajo, un sueño roto) nuestro corazón estará "firme, confiado en Jehová" (Salmo 112:7). Cuando alguna persona nos amenace, cuando haya un peligro inminente, nuestro corazón buscará al Señor y se fortalecerá en lo que Él es. Diremos con el salmista:

> Jehová está conmigo; no temeré
> Lo que me pueda hacer el hombre
> (Salmo 118:6).

Vemos esta confianza en la vida del rey Ezequías, quien "en Jehová Dios de Israel puso su esperanza; ni después ni antes de él hubo otro como él entre todos los reyes de Judá" (2 Reyes 18:5). En el año decimocuarto de su reinado, el rey de Asiria tomó las ciudades fortificadas de Israel. Ezequías pagó al rey con la esperanza de que dejara a Judá en paz. Pero el rey de Asiria envió a un representante, Rabsaces, que se burló del Señor delante del pueblo de Dios. Los provocó y hostigó

Cuando crecemos en el temor del Señor nuestro corazón produce una cosecha de confianza. Descubrimos que miramos al futuro con expectativa y emoción, curiosas de saber lo que Dios nos tiene preparado. Sabemos que, sin importar lo que sea, será para nuestro bien.

diciendo: "No os engañe Ezequías, porque no os podrá librar de mi mano. Y no os haga Ezequías confiar en Jehová, diciendo: Ciertamente nos librará Jehová, y esta ciudad no será entregada en mano del rey de Asiria" (2 Reyes 18:29-30). Cuando Ezequías supo esto, rasgó sus vestiduras, mandó llamar al profeta Isaías y le pidió que intercediera por Judá. Por medio de Isaías, Dios le comunicó a Ezequías que el rey de Asiria no iba a capturarlos y que Él intervendría soberanamente para eliminarlo.

Ezequías recibió entonces una carta del rey asirio en la que volvía a amenazar al pueblo de Dios. Ezequías presentó la carta delante de Dios en el templo, y oró diciendo:

> Jehová Dios de Israel, que moras entre los querubines, solo tú eres Dios de todos los reinos de la tierra; tú hiciste el cielo y la tierra. Inclina, oh Jehová, tu oído, y oye; abre, oh Jehová, tus ojos, y mira; y oye las palabras de Senaquerib, que ha enviado a blasfemar al Dios viviente... Ahora, pues, oh Jehová Dios nuestro, sálvanos, te ruego, de su mano, para que sepan todos los reinos de la tierra que solo tú, Jehová, eres Dios (2 Reyes 19:15-16, 19).

Esta oración revela el temor santo de Ezequías. Estaba bajo la amenaza de un rey que ya había atacado a las tribus del norte y a otras naciones de los alrededores. La caída parecía segura. El rey temía que el fin de Jerusalén estuviera próximo. Así que decidió buscar la ayuda de Alguien que estuviera por encima del rey asirio. Trajo sus temores delante del Señor, del gran YO SOY, y exaltó su gran nombre. Alabó a Aquel que creó todas las cosas y reina sobre todo. Le pidió a su Dios poderoso que librara a su pueblo.

Así funciona la confianza en nuestra propia vida. Cuando tememos a Dios, acudimos a Él con nuestros temores menores. Recordamos quién es Él y lo que Él ha hecho. Hacemos memoria de sus maravillas y de sus obras. Permanecemos firmes en su grandeza. Buscamos su ayuda y su esperanza. El salmista nos alienta con estas palabras: "Los que teméis a Jehová, confiad en Jehová; Él es vuestra ayuda y vuestro escudo" (Salmo 115:11). Que esta confianza sea también la nuestra.

El fruto de la humildad

El temor del Señor y el orgullo no pueden coexistir. No podemos inclinarnos en la presencia de nuestro Dios grande y poderoso si nos sentamos en nuestros propios tronos de exaltación personal. No podemos responder a Dios con asombro y reverencia si tenemos una opinión exagerada de nosotras mismas. Esa clase de orgullo fue lo que precipitó la caída de Satanás y de sus demonios. En vez de esto, la Biblia nos exhorta por medio de Pablo: "no te ensoberbezcas, sino teme" (Romanos 11:20).

Cuanto más crecemos en nuestro temor del Señor más vemos el fruto de humildad en nuestra vida. Cuanto más anclamos nuestro corazón en su gracia majestuosa para nosotras en Cristo, más nos asombramos y agradecemos su bondad manifiesta en nuestra vida. Comprendemos que nuestro pecado es una afrenta contra un Dios santo y justo, y sin tardanza nos arrepentimos. Nos entristece ofender a Dios de cualquier manera. Somos conscientes del terror que se experimenta por fuera de la gracia de Dios y no queremos despreciar el regalo de su gracia. Atesoramos la salvación que Cristo compró por nosotras. Como escribió Bunyan, el temor del Señor "te hará pequeño a tus propios ojos, te mantendrá humilde, te llevará a clamar a Dios su protección y a postrarte a sus pies para alcanzar misericordia".[2]

Esa clase de humildad transforma nuestras relaciones. Dejamos de compararnos con nuestros hermanos y hermanas en Cristo, porque sabemos que todos llegamos a Él de la misma

---

2. Como se cita en Joel R. Beeke y Paul M. Smalley, *John Bunyan and the Grace of Fearing God* (Phillipsburg, NJ: P&R, 2016), 93.

forma, por gracia por medio de la fe. Todos llegamos en igualdad de condiciones. Ninguno vino a Dios gracias a algo bueno que hubiera hecho, porque nadie es justo ni hace lo bueno. El temor piadoso echa fuera el orgullo espiritual que hay en nuestro interior. Dejamos de creernos más de lo que deberíamos. Nos ayuda a tratar a nuestros hermanos y hermanas con longanimidad y perdón. No menospreciamos a otros por su debilidad ni por sus tentaciones que los hacen pecar. Antes bien, les mostramos el evangelio y el camino de la gracia.

David fue un rey que temió al Señor. La Biblia lo describe como un hombre conforme al corazón de Dios (Hechos 13:22). Esto no significa que fuera perfecto, ni mucho menos. Sin embargo, amó al Señor y, cuando pecó, fue humilde y se arrepintió.

En 2 Samuel 12, el profeta Natán confrontó al rey David por el pecado que cometió contra Betsabé. David respondió: "Pequé contra Jehová" (v. 13). El Salmo 51 consigna la oración de confesión de David:

> Ten piedad de mí, oh Dios, conforme a tu misericordia;
> Conforme a la multitud de tus piedades borra mis rebeliones.
> Lávame más y más de mi maldad,
> Y límpiame de mi pecado (vv. 1-2).

David tuvo una actitud humilde delante del único que podía limpiarlo de su pecado. Se acercó a Dios en virtud de su carácter divino, de su misericordia y de su gracia. Le pidió que lo limpiara y lo restaurara. Esta es la oración de un corazón humilde que temía al Señor y se dolía por su pecado.

Que el Señor produzca en cada una de nosotras el fruto de humildad.

El fruto de la santidad

Hasta ahora hemos visto que Dios es santo. Cualquiera que se levante en su presencia se postra delante de Él en temor. Para algunas personas, ese temor es esclavizante, porque no han tenido la experiencia de ser conocidas y amadas por Dios. En realidad, les aterroriza su ira santa. Otras personas caen delante de Él en temor santo, en temor filial, porque son amadas por Dios. Saben que, aunque merecen la ira de Dios, Él las ha rescatado y redimido por su gracia. Aman, honran y veneran su santo nombre.

Cuando Cristo murió en la cruz por nuestros pecados, la barrera que nos separaba de Dios se derrumbó. Dios ya no mora en el lugar santísimo. El sacerdote ya no entra una vez al año para ofrecer el sacrificio por el pecado. Nuestra deuda ha sido pagada y ahora podemos entrar en la presencia de Dios con confianza. Podemos venir "confiadamente al trono de la gracia, para alcanzar misericordia y hallar gracia para el oportuno socorro" (Hebreos 4:16).

Cuando entramos en la presencia de Dios no podemos evitar ser transformadas. Al igual que Moisés, que se encontró con Dios en el monte y regresó con su rostro resplandeciente, nosotras empezamos a reflejar la gloria y la santidad de Dios: " Por tanto, nosotros todos, mirando a cara descubierta como en un espejo la gloria del Señor, somos transformados de gloria en gloria en la misma imagen, como por el Espíritu del Señor" (2 Corintios 3:18). Empezamos a llevar el fruto de santidad.

> Así que, amados, puesto que tenemos tales promesas, limpiémonos de toda contaminación de carne y de espíritu, perfeccionando la santidad en el temor de Dios (2 Corintios 7:1).

Algunos expertos dicen que con la edad nuestros gustos cambian. Cuando era niña yo detestaba las verduras como remolachas y coles de Bruselas. Ahora me encantan. También he desarrollado un paladar para sabores amargos como el café tostado y el chocolate. Lo mismo sucede con nuestro crecimiento en santidad. Cuando amamos a Dios y le tememos con un temor filial, empezamos a amar lo que Él ama. Nuestros deseos, metas, anhelos y aficiones se transforman para reflejar lo que Dios quiere para nosotras. Nuestro gusto por el pecado cambia y llegamos a odiarlo. Un temor santo nos motiva y nos anima a vivir para la gloria de Dios. Es el combustible que nos impulsa a despojarnos de lo pecaminoso y a buscar la piedad. Pablo escribió a la iglesia corintia acerca de los efectos de un temor santo: "Así que, amados, puesto que tenemos tales promesas, limpiémonos de toda contaminación de carne y de espíritu, perfeccionando la santidad en el temor de Dios" (2 Corintios 7:1).

Este crecimiento en santidad es sin duda un proceso que continúa a lo largo de nuestra vida de fe. Cuando somos nuevos creyentes, el Espíritu nos convence de pecados más evidentes que aun las demás personas notan. Cuanto más crecemos en la gracia y en el conocimiento de Dios, y más leemos su Palabra y aprendemos lo que le glorifica, más experimentaremos la obra del Espíritu que revela pecados más profundos en nuestro corazón, incluso menos evidentes para los demás. Él sacará a la luz esos pecados con el propósito de que podamos arrepentirnos y apartarnos de ellos. Esto es esencial para nuestro crecimiento en santidad. Como escribió Martín Lutero en sus noventa y cinco tesis, la vida cristiana es una vida de arrepentimiento.

Si somos como el apóstol Pablo, cuanto más comprendamos la santidad de Dios más veremos cuán pecadores somos. Cuanto más caminemos con Dios, más veremos nuestra verdadera condición. No se trata de que pequemos más, sino que Dios abra nuestros ojos para ver la tremenda gravedad de nuestro pecado. Él es misericordioso de esta manera, al no revelárnoslo todo a la vez. Con el tiempo, entenderemos por qué Pablo pudo decir al principio de su ministerio que él era el más pequeño de los apóstoles (1 Corintios 15:9) y, al final de su ministerio, el primero de los pecadores (1 Timoteo 1:15).

Como vimos en el capítulo anterior, Pablo resumió el fruto de la santidad con su llamado a despojarnos del pecado y a vestirnos de justicia. Es mi deseo que ese sea nuestro propósito de cada día. Que todas podamos hacer lo que dice la Palabra: "vestíos del nuevo hombre, creado según Dios en la justicia y santidad de la verdad" (Efesios 4:24).

En este capítulo hemos visto el fruto de un temor santo. Es útil entender que como sucede con el fruto que nos sirve de alimento, el tiempo es indispensable para que se produzcan frutos como la sabiduría, la confianza y la santidad en nuestra vida. No es un proceso que podamos apresurar. Sin embargo, al igual que se goza el viñador cuando recoge los primeros frutos de la cosecha, también nosotras podemos regocijarnos con el fruto que el Señor desarrolla en nuestro corazón.

Guía de estudio

Capítulo 6: El fruto del temor santo

Preguntas introductorias:

¿Tienes talento para la jardinería o todo lo que siembras se marchita y muere? ¿Cuáles son algunos principios esenciales para cultivar plantas saludables? ¿Alguna vez has tenido un árbol frutal? ¿Cómo fue el proceso de verlo crecer? ¿Cómo se compara este proceso con el crecimiento espiritual en nuestra vida?

____

____

____

____

____

Lee y comenta:

*1. Lee Proverbios 9. ¿Cómo se describe la sabiduría? ¿Cómo se relaciona la sabiduría con el temor del Señor? ¿Cómo se describe la insensatez? ¿En qué se diferencia de la sabiduría?

____

____

____

2. Lee 1 Corintios 1:18-31. ¿Qué aprendes acerca de la fuente de la sabiduría? ¿Cómo contrasta con la insensatez?

____

____

____

*3. ¿Cómo se relaciona la obediencia con el temor del Señor? Lee Juan 8:28-30 y 17:1-15. ¿Qué relación tiene la obediencia de Jesús con el temor del Señor?

____

____

____

____

____

*4. ¿Por qué algunas veces resulta difícil confiar en el Señor? ¿Cómo produce el temor del Señor una mayor confianza?

____

____

____

____

____

5. Muchas tememos el futuro. Imagina si Dios te contara todo lo que va a suceder en el futuro. El profeta Habacuc vivió esa experiencia. El profeta lamentaba la idolatría y el pecado de Israel. Le preguntó al Señor por qué no había hecho nada al respecto. Lee la respuesta de Dios en Habacuc 1:5-11. Esto fue más de lo que Habacuc esperaba. Dios le informó que iba a castigar a su pueblo por medio de los caldeos. Le reveló el futuro a Habacuc. ¿Cuál fue la respuesta de Habacuc? Lee el capítulo 3.

____

____

____

____

6. ¿De qué manera choca el orgullo con el temor del Señor? ¿Conoces a alguien humilde? ¿Qué has aprendido acerca de

la humildad por medio de esa persona? ¿Cuáles son algunos elementos esenciales de la humildad en la vida cristiana?

*7. Lee, en Lucas 1:46-55, el ejemplo de humildad de María, la madre de Jesús. ¿Cómo revelan humildad sus palabras? ¿Cómo habla ella de Dios? ¿Y de sí misma?

*8. Como cristianas estamos llamadas a ser santas como Dios es santo. ¿Cuál es la relación entre el temor del Señor y la santidad? ¿De qué modo es la santidad un proceso como el crecimiento de una planta? En 2 Corintios 7:1, Pablo escribió: "Así que, amados, puesto que tenemos tales promesas, limpiémonos de toda contaminación de carne y de espíritu, perfeccionando la santidad en el temor de Dios". Lee 2 Corintios 6:11-18 para descubrir cuáles son esas promesas.

*9. ¿Qué lecciones extraes de este capítulo?

Oración

Ora por cada uno de los frutos mencionados en este capítulo (sabiduría, obediencia, confianza, humildad y santidad) y pide al Espíritu que los desarrolle y coseche en tu vida.

Capítulo 7

Cómo enfrentar temores menores

Hace unos años tuve la oportunidad de visitar Israel y recorrer los sitios bíblicos acerca de los cuales había leído toda mi vida. Cada sitio tenía un significado especial para mí y me ayudó a comprender mejor los pasajes conocidos de las Escrituras. En-gadi, uno de esos lugares, me resultó particularmente significativo.

En hebreo, En-gadi significa "manantial de la cabra salvaje". En-gadi es un oasis exuberante, un sitio lleno de verdor en medio del desierto de Judea. Algo que lo caracteriza es su cercanía al Mar Muerto. Toda la zona aledaña carece de vida. Sin embargo, en En-gadi rondan las cabras salvajes que se alimentan de las plantas que crecen allí. Hay un arroyo que fluye constantemente y atraviesa el oasis. En su cauce se levantan peñascos donde se encuentran algunas cuevas. David se escondió en una de ellas cuando huía del rey Saúl en el Antiguo Testamento.

Saúl fue el primer rey de Israel. Se convirtió en rey después que los israelitas insistieran en tener un rey como las otras naciones vecinas. Lamentablemente, Saúl no obedeció a Dios y su reinado le fue quitado (1 Samuel 15). Sin embargo, esto no se hizo efectivo de inmediato. Dios envió al profeta Samuel a que ungiera a un nuevo rey, un joven pastor llamado David (1 Samuel 16). A pesar de que había sido ungido, pasó un tiempo antes de que David se convirtiera en rey de Israel. Primero fue músico en la corte del rey, encargado de aliviar el espíritu atormentado de Saúl con su arpa y su lira. Luego David se levantó y peleó contra el gigante filisteo Goliat, a quien decapitó. Esto le granjeó el aplauso y el reconocimiento de su pueblo. Las mujeres cantaron en las calles acerca de los muchos hombres que David había matado, comparándolo con las conquistas de Saúl que resultaban insignificantes. Saúl reaccionó con celos y, a partir de ese momento, trató de matar a David.

Al final, David tuvo que huir de la ciudad porque Saúl estaba decidido a matarlo. Huyó y se escondió en el desierto, deambulando de un lugar a otro mientras Saúl lo buscaba para matarlo (1 Samuel 19–23). En cierto momento, un enfrentamiento con los filisteos distrajo a Saúl de su ensañada persecución. En ese momento, David huyó a En-gadi. En 1 Samuel 24:1-2 leemos: "Cuando Saúl volvió de perseguir a los filisteos, le dieron aviso, diciendo: He aquí David está en el desierto de En-gadi. Y tomando Saúl tres mil hombres escogidos de todo Israel, fue en busca de David y de sus hombres, por las cumbres de los peñascos de las cabras monteses".

Clamé a ti, oh Jehová; dije: Tú eres mi esperanza, y mi porción en la tierra de los vivientes (Salmo 142:5).

Mientras David se escondía de Saúl en las cuevas de En-gadi, compuso al menos dos salmos, posiblemente el 57 y el 142. Ver el lugar donde David escribió palabras que me animaron tantas veces a lo largo de mi vida fue una experiencia inolvidable. No pude evitar conmoverme cuando miraba las cuevas y recordaba las palabras que él escribió:

Ten misericordia de mí, oh Dios, ten misericordia de mí;
Porque en ti ha confiado mi alma,
Y en la sombra de tus alas me ampararé
Hasta que pasen los quebrantos (Salmo 57:1).

Y:

Clamé a ti, oh Jehová;
Dije: Tú eres mi esperanza,
Y mi porción en la tierra de los vivientes (Salmo 142:5).

El punto donde la mente y el corazón convergen

El libro de Salmos siempre ha sido relevante en cada momento de mi vida. Sean cuales sean las circunstancias de mi vida, sin importar qué sienta o qué desafíos enfrente, hay un salmo que refleja mi propio corazón. Pareciera que el salmista describiera precisamente lo que yo siento a través de metáforas gráficas y prosa descriptiva. Como escribió Calvino: "Me he acostumbrado a llamar a este libro, con razón creo, 'Anatomía de todas las partes del alma', porque no existe emoción alguna que no esté representada allí como en un espejo. O, más bien, que el Espíritu Santo ha delineado allí todas las penas, angustias, temores, dudas, esperanzas, afanes, desconciertos, en resumen, todas las emociones distractoras que suelen turbar la mente humana".[1]

El libro de Salmos es un himnario que usó el pueblo de Dios en adoración. Algunas iglesias en la actualidad todavía cantan pasajes del libro de los Salmos, mientras que otros cantan himnos y alabanzas en el día del Señor. Los salmos fueron escritos por varios autores, entre ellos Moisés, David, Asaf y otros líderes de adoración. Estos cánticos expresan toda la variedad de emocio-

1. John Calvin, *Commentary on the Book of Psalms*, vol. 1, trad. James Anderson, Christian Classics Ethereal Library, http://www.ccel.org/ccel/calvin/calcom08.vi.html.

nes humanas que experimentamos: desesperación y gozo, pena y esperanza, temor y confianza, soledad y también gratitud.

El salmista expresa a Dios lo que siente: lo bueno, lo malo y lo feo. Clama a Dios para pedir ayuda cuando los enemigos lo persiguen. Se alegra en la liberación de Dios. Expresa su desesperación en medio de las pruebas y el sufrimiento. Alaba a Dios con acción de gracias por lo que Él es y por lo que Él ha hecho. Manifiesta sentimientos de soledad y desamparo cuando sus amigos lo abandonan. Y recuerda la bondad de Dios y su amor fiel hacia los suyos.

Los Salmos son una porción especial de las Escrituras porque son el punto donde convergen la mente y el corazón. Las palabras del salmista no solo reflejan el abanico de emociones que todas experimentamos, sino que siempre nos dirigen a la verdad de quién es Dios y de sus obras. En estas canciones, el autor declara a sus propias emociones la verdad acerca de Dios. A través de ellas podemos aprender mucho acerca de nuestras emociones, en especial el temor.[2]

De temor en temor

En términos del tema del temor del Señor que nos ocupa, los Salmos son un lugar (aunque no el único) donde vemos su manifestación frente a temores menores. Los salmistas sintieron temor como nosotras. Con mucha frecuencia leemos que expresan esos temores en salmos llamados lamentos. En estos salmos que son más sombríos, el salmista expresa al Señor lo que siente y pide ayuda. Sin embargo, el salmista no se limita nada más a expresar sus emociones. No se queda ahí, sino que echa mano de lo que conoce acerca de Dios. Recuerda quién es Dios en su carácter y lo que ha hecho por su pueblo. En estos

2. Para aprender más acerca de los Salmos y nuestras emociones, lee mi libro *A Heart Set Free: A Journey to Hope through the Psalms of Lament*, Focus for Women (Fearn, Ross-shire, Scotland: Christian Focus, 2016).

salmos vemos que el temor del Señor debilita y desarma los temores menores. Estos salmos son un lugar donde podemos ver el temor del Señor expresado de manera práctica en medio de circunstancias atemorizantes.

Echemos un vistazo a un salmo de David donde él expresa su temor. El Salmo 57 es uno de los salmos que escribió mientras se ocultaba de Saúl. Llevaba ya un tiempo huyendo y estaba lejos de su casa y de su familia. Saúl era despiadado y ya había matado a quienes ayudaban a David (1 Samuel 22). ¿En qué terminaría todo ello?

En estos salmos vemos que el temor del Señor debilita y desarma los temores menores. Estos salmos son un lugar donde podemos ver el temor del Señor expresado de manera práctica en medio de circunstancias atemorizantes.

1 Ten misericordia de mí, oh Dios, ten
misericordia de mí;
Porque en ti ha confiado mi alma,
Y en la sombra de tus alas me
amapararé
Hasta que pasen los quebrantos.

2 Clamaré al Dios Altísimo,
Al Dios que me favorece.

3 Él enviará desde los cielos, y me salvará
De la infamia del que me acosa; *Selah*
Dios enviará su misericordia y su verdad.

4 Mi vida está entre leones;
Estoy echado entre hijos de hombres que
vomitan llamas;
Sus dientes son lanzas y saetas,
Y su lengua espada aguda.

5 Exaltado seas sobre los cielos, oh Dios;
Sobre toda la tierra sea tu gloria.

[6]Red han armado a mis pasos;
Se ha abatido mi alma;
Hoyo han cavado delante de mí;
En medio de él han caído ellos mismos. *Selah*

[7]Pronto está mi corazón, oh Dios, mi corazón
está dispuesto;
Cantaré, y trovaré salmos.

[8]Despierta, alma mía; despierta, salterio y arpa;
Me levantaré de mañana.

[9]Te alabaré entre los pueblos, oh Señor;
Cantaré de ti entre las naciones.

[10]Porque grande es hasta los cielos tu misericordia,
Y hasta las nubes tu verdad.

[11]Exaltado seas sobre los cielos, oh Dios;
Sobre toda la tierra sea tu gloria.

Los temores de David

Si buscas este salmo en tu Biblia verás que el prefacio nos explica que David lo escribió en la cueva cuando huía de Saúl. En el versículo 4, David describe a sus enemigos como leones y bestias voraces. Si bien los animales salvajes atacan con sus dientes, los enemigos de David lo persiguen con lanzas, flechas y espadas. Él está en grave peligro y teme por su vida.

Todas sentiríamos temor si alguien nos persiguiera y tuviera deseos de matarnos. Aunque no muchas hemos vivido esa clase de situación, sabemos lo que es temer al peligro. Ya sea porque hayamos recibido un diagnóstico médico preocupante o escuchado noticias de violencia en nuestra comunidad, o experimentado un accidente trágico, todas podemos identificarnos y entender el temor que David experimentó cuando intentaba escapar de Saúl.

En medio de sus temores, David clamó a Dios y le rogó que lo ayudara. Habló al Señor acerca de lo que sucedía y cuán angustiosa era su situación. En su lamento vemos la evidencia de su temor del Señor.

El temor del Señor en la vida de David

Como hemos aprendido en capítulos anteriores, el temor del Señor incluye asombro, reverencia, adoración y amor por nuestro buen Dios santo, justo, sabio y lleno de gracia. En el versículo 1, David acude al Único que puede salvarlo de sus enemigos. Él clama por la misericordia de Dios: "Ten misericordia de mí, oh Dios, ten misericordia de mí". David no tiene a quién más acudir. Dios es el único refugio y fortaleza.

En el versículo 2, David alude a quién es Dios en su poder porque Él es "el Dios Altísimo", y reconoce a Dios como quien reina sobre todo, aun sobre la vida de David. También habla de la gloria de Dios, y en un tono de adoración escribió: "Exaltado seas sobre los cielos, oh Dios; sobre toda la tierra sea tu gloria" (v. 5).

David también escribió sobre el carácter de Dios en el versículo 3 de su salmo. Tiene confianza en que Dios va a salvarlo y a protegerlo de sus enemigos. Más importante aún es que "Dios enviará su misericordia y su verdad". En el versículo 10, David recuerda una vez más la misericordia y la verdad de Dios: "Porque grande es hasta los cielos tu misericordia, y hasta las nubes tu verdad".

En su clamor, David se enfoca en Dios y declara: "Pronto está mi corazón, oh Dios, mi corazón está dispuesto; cantaré, y trovaré salmos" (v. 7). Aunque David temía en gran manera y se escondía de sus enemigos, respondió con el temor del Señor. Cantó y adoró a Dios: "Exaltado seas sobre los cielos, oh Dios; sobre toda la tierra sea tu gloria" (v. 11).

Lo más seguro es que sus temores no se disiparan de inmediato. Es posible que hubiera luchado con ellos muchas veces. Sin embargo, vemos que esos temores no se apoderaron de él. Nosotras tampoco podemos esperar que en la vida nunca experimentemos temor. Vivimos en un mundo caído y el temor es una respuesta humana a las tinieblas de alrededor. En un mundo descompuesto por el pecado hay mucho que temer: enfermedad, pérdida, crimen y violencia, terrorismo y más. Aún así, no tenemos que dejarnos dominar por esos temores. No tienen que apoderarse de nuestra vida, regir nuestras decisiones ni dictaminar nuestras reacciones. Cuando enfrentamos circunstancias temibles, como el salmista, podemos guiar nuestro corazón a lo que es verdad. Podemos recordar quién gobierna y reina sobre todas las cosas. Podemos confiar en el carácter y en la bondad de Dios. Podemos descansar en su soberanía y en su poder. Podemos confiar en lo que Él hace en nuestra vida. Y, como el salmista, podemos responder con adoración en nuestras circunstancias difíciles. Ante el temor podemos responder con el temor del Señor.

La belleza del carácter de Dios ahoga sus temores y él responde en alabanza a pesar de sus terribles circunstancias. Es una bella descripción de un corazón que teme al Señor.

¿A quién temeré?

Veamos otro salmo de David, el Salmo 27. No conocemos el contexto histórico de este salmo. Aunque no sabemos en qué lugar se encontraba David ni lo que le ocurría cuando lo escribió, sí nos revela que era perseguido por sus enemigos. La primera mitad de este salmo expresa confianza en el Señor a pesar de las circunstancias temibles que pudieran sobrevenirle (vv. 1-6). La segunda mitad se escribe como un lamento tradicional en el que el salmista busca la ayuda y el rescate de Dios (vv. 7-12).

> [1]Jehová es mi luz y mi salvación; ¿de quién temeré?
> Jehová es la fortaleza de mi vida; ¿de quién he de
>   atemorizarme?
>
> [2]Cuando se juntaron contra mí los malignos, mis
>   angustiadores y mis enemigos,
> Para comer mis carnes, ellos tropezaron y cayeron.
>
> [3]Aunque un ejército acampe contra mí,
> No temerá mi corazón;
> Aunque contra mí se levante guerra,
> Yo estaré confiado.
>
> [4]Una cosa he demandado a Jehová, esta buscaré;
> Que esté yo en la casa de Jehová todos los días de mi vida,
> Para contemplar la hermosura de Jehová, y para inquirir
>   en su templo.
>
> [5]Porque él me esconderá en su tabernáculo en el día
>   del mal;
> Me ocultará en lo reservado de su morada;
> Sobre una roca me pondrá en alto.
>
> [6]Luego levantará mi cabeza sobre mis enemigos que me
>   rodean,
> Y yo sacrificaré en su tabernáculo sacrificios de júbilo;
> Cantaré y entonaré alabanzas a Jehová.
>
> [7]Oye, oh Jehová, mi voz con que a ti clamo;
> Ten misericordia de mí, y respóndeme.
>
> [8]Mi corazón ha dicho de ti: Buscad mi rostro.
> Tu rostro buscaré, oh Jehová;

[9]No escondas tu rostro de mí.
No apartes con ira a tu siervo;
Mi ayuda has sido.
No me dejes ni me desampares, Dios de mi salvación.

[10]Aunque mi padre y mi madre me dejaran,
Con todo, Jehová me recogerá.

[11]Enséñame, oh Jehová, tu camino,
Y guíame por senda de rectitud
A causa de mis enemigos.

[12]No me entregues a la voluntad de mis enemigos;
Porque se han levantado contra mí testigos falsos, y los
que respiran crueldad.

[13]Hubiera yo desmayado, si no creyese que veré la bondad
de Jehová
En la tierra de los vivientes.

[14]Aguarda a Jehová;
Esfuérzate, y aliéntese tu corazón;
Sí, espera a Jehová.

Cuando estudiamos Mateo 10:26-31 en un capítulo anterior, aprendimos que la Biblia enseña que el temor del Señor desarma nuestros temores menores. El salmista afirma esta verdad en el versículo 1. Comparados con Dios, ¿qué poder tienen nuestros temores menores? Él es nuestra salvación. ¿Qué puede hacernos el hombre que Dios no pueda vencer y de lo cual no pueda librarnos? En el versículo 3, David escribe que, aun cuando el peligro toque a su puerta, aun cuando el sufrimiento entre en su vida, él no temerá. Él confía en el carácter de Dios.

Si fueras a pedirle una sola cosa a Dios, ¿qué sería? Cuando sentimos miedo creo que pediríamos recibir ayuda y ser libradas de aquello que tememos. En el versículo 4, David dice que solo hay una cosa que él pide: estar en la presencia del Señor. Él desea adorar a Dios en su templo, el lugar de la presencia de Dios. Él quiere estar con Dios. Y, cuando se refugia en la presencia de Dios, David le canta y lo adora, aun cuando sus enemigos lo rodean (vv. 5-6). La belleza del carácter de Dios ahoga sus temores y él responde en alabanza a pesar de sus terribles circunstancias. Es una bella descripción de un corazón que teme al Señor.

El versículo 7 pasa a un lamento con el que David ruega ayuda. Pide a Dios que lo oiga, lo libre, lo ayude y lo proteja de sus enemigos. Se refiere a Dios con estas palabras: "Dios de mi salvación" (v. 9). Le pide que lo instruya en el camino que debe seguir. Un lamento es la respuesta apropiada de un corazón temeroso. Un corazón que teme al Señor busca la ayuda divina y reconoce que solo Él salva. En medio de nuestros temores nos vemos tentadas a echar mano de esperanzas falsas y simuladas. Es tentador buscar ídolos que nos libren y salven. Sin embargo, aquí vemos que solo Dios puede librarnos. Él es nuestra verdadera ayuda y esperanza.

Esperar en el Señor nos exige confiar en Él y depender de Él. Esto no significa que nos quedemos con los brazos cruzados. No significa que seamos pasivas. Antes bien, es una actitud del corazón.

Como la mayoría de los lamentos, este termina con una respuesta de confianza y adoración. David cree y confía en que Dios lo librará. Luego anima a otros que también están temerosos: "Aguarda a Jehová; esfuérzate, y aliéntese tu corazón" (v. 14). Esperar en el Señor nos exige confiar en Él y depender de Él. Esto no significa que nos quedemos con los brazos cruzados. No significa que seamos pasivas. Antes bien, es una actitud del corazón. Por ejemplo, si recibimos una llamada inquietante del médico para informarnos acerca de unos resultados de laboratorio recientes, volveremos someternos a nuevos exámenes. Mientras esperamos los resultados acataremos las órdenes médicas. También pasaremos tiempo en oración pidiendo al Señor su sanidad. Le pediremos que fortalezca nuestra fe. Además, leeremos la Biblia para recordar aquello que es verdad. Nos predicaremos el evangelio a nosotras mismas. Pondremos la mira en el carácter y en la fidelidad de Dios. Pediremos a otros que intercedan por nosotras. Perseveraremos en nuestras labores cotidianas, buscando glorificar a Dios en todo lo que hagamos. Esta es la actitud de esperar en el Señor. Descansaremos en el cuidado soberano de Dios, sabiendo que todas las cosas obran para nuestro bien (Romanos 8:28). Confiaremos en su plan perfecto para nuestra vida y esto nos dará el valor para enfrentar el temor.

Muchos creyentes a lo largo de los siglos han encontrado esperanza en el libro de Salmos. El libro no solo expresa las emociones que todas experimentamos, sino que también nos muestra cómo podemos aprovechar nuestras emociones buscando la ayuda de Dios. Cuando confiamos en lo que Dios es y en lo que Él ha hecho, nuestro temor de Él disipa nuestros temores menores. En tu búsqueda de crecer en tu temor del Señor dedica tiempo cada día a leer y a meditar en los Salmos.

Guía de estudio

Capítulo 7: Cómo enfrentar temores menores

Preguntas introductorias:

¿Cuáles son algunas cosas que tenemos que esperar en la vida? ¿Qué pensamos muchas veces acerca de esperar? ¿Alguna vez has tenido que esperar que el Señor intervenga en tu vida? ¿Cómo fue para ti esa experiencia?

____

____

____

____

____

Lee y comenta:

*1. ¿Cuál es la importancia del libro de Salmos? ¿Qué lo hace especial comparado con otros libros de las Escrituras? ¿Por qué crees que tantos cristianos acuden a este libro cuando enfrentan las dificultades y luchas de la vida? ¿De qué maneras ves que convergen la mente y el corazón en el libro de Salmos?

____

____

____

____

2. Lee el Salmo 27. Aunque no hayas experimentado la clase de temor que sintió David cuando Saúl lo perseguía, es posible

que hayas sentido temor de algún peligro. En tus propias experiencias similares, ¿qué verdades acerca de Dios te han infundido esperanza y valor? ¿Cómo nos inspira temor del Señor el anhelo que tuvo David en el Salmo 27:4?

*3. Lee el Salmo 61. Este salmo pareciera recopilar muchas verdades que hemos aprendido hasta ahora. ¿Cómo se refiere el pasaje al temor del Señor? ¿Qué atributos de Dios menciona? ¿Qué frutos del temor filial observas en el pasaje?

*4. Lee el Salmo 34 y la historia que la inspiró en 1 Samuel 21. ¿Qué clase de temores enfrentó David? ¿Qué dice el salmo acerca de quienes temen al Señor? ¿Cómo demuestra David temor del Señor en el salmo? ¿Qué aprendes acerca de Dios en este pasaje?

5. A veces pensamos que esperar significa no hacer nada. Según el Salmo 34, ¿en qué se ocupó el salmista mientras esperaba

que el Señor respondiera su clamor? ¿De qué manera esta espera evidencia temor del Señor?

*6. ¿Qué tipo de cosas podemos hacer mientras esperamos que Dios obre en nuestra vida? ¿Cómo podemos aprovechar ese tiempo?

7. Elige uno de los salmos que vimos hoy y escríbelo. (Si hay alguna participante hábil en caligrafía, puede enseñarte). Exhíbelo en un lugar donde puedas verlo cada día.

*8. ¿Qué lecciones extraes de este capítulo?

Oración

Ora un salmo.

Capítulo 8

Promesas de Dios para los temerosos

¿Tienes una promesa favorita de parte de Dios? Tal vez sea un pasaje al que acudes cada vez que enfrentas un momento difícil. Tal vez sea una verdad en la que confías cuando la vida se vuelve confusa e incierta. O tal vez simplemente recuerdes que Dios está contigo y a favor de ti cuando pareciera que nadie más lo está.

La Biblia está llena de promesas para los hijos de Dios; son casi demasiadas para contarlas. Él promete perdonar nuestros pecados (1 Juan 1:9), suplir nuestras necesidades (Filipenses 4:19), darnos vida eterna en Cristo (Juan 11:25-26) y estar a nuestro lado para siempre (Mateo 28:20). Hay muchas promesas para los temerosos, entre ellas la de Isaías 41:10:

> No temas, porque yo estoy contigo; no desmayes, porque yo soy tu Dios que te esfuerzo; siempre te ayudaré, siempre te sustentaré con la diestra de mi justicia.

Este capítulo se centrará en las promesas específicas que Dios ha hecho a quienes le temen. Sin embargo, antes de ver esas promesas es importante que entendamos por qué podemos esperar y confiar en las promesas de Dios. Debemos entender lo que significa cuando Dios hace una promesa. Algunos cristianos miran las promesas de Dios y dicen que es necesario reclamarlas para que se cumplan. Aducen que debemos creerlas con todo nuestro corazón y que de ese modo se volverán realidad. Sin embargo, la Palabra de Dios nos enseña que sus promesas no son ciertas porque creamos en ellas; no se cumplen porque tengamos una fe muy grande. Las promesas de Dios se cumplen simplemente porque Dios las dijo.

Nuestro Dios es un Dios que cumple sus promesas

Cuando Dios habla suceden cosas asombrosas. En Génesis 1:3, Él simplemente habló y la luz entró al mundo. Cuando Jesús estaba en la barca con los discípulos se desató una terrible tormenta. Él solo dijo: "calla, enmudece" y todo se calmó (Marcos 4:39). Cuando Lázaro estaba muerto en su tumba, Jesús lo llamó y él resucitó (Juan 11:43-44). Los seres humanos somos incapaces de hacer que algo suceda nada más con el sonido de nuestra voz. Si entramos en una habitación oscura tenemos que encender el interruptor o usar nuestro portátil para alumbrar. Nadie aparte de Dios puede hacer que sucedan cosas con el poder de su sola palabra, una verdad que el salmista precisó:

> Tema a Jehová toda la tierra;
> Teman delante de él todos los habitantes
> del mundo.
> Porque él dijo, y fue hecho;
> Él mandó, y existió (Salmo 33:8-9).

La palabra de Dios ejecuta todo lo que Dios quiere hacer; todo lo que Él decide se hace realidad. Su palabra nunca regresa vacía:

> Así será mi palabra que sale de mi boca; no volverá a mí vacía, sino que hará lo que yo quiero, y será prosperada en aquello para que la envié (Isaías 55:11).

Podemos hacer planes para nuestro día y esperar que las cosas se realicen, pero esto solo es posible si Dios quiere (Santiago 4:15). Lo mismo es cierto sobre la Palabra de Dios escrita. Es viva y poderosa. La fe viene por el oír la predicación de la Palabra de Dios (Romanos 10:17). La Palabra nos santifica (Juan 17:17). Penetra lo profundo de nuestro ser y revela los motivos de nuestro corazón (Hebreos 4:12). Es nuestra vida misma (Deuteronomio 32:47).

Como aprendimos en un capítulo anterior, Jesús es la Palabra de Dios encarnada (Juan 1:1, 4). Jesús es la Palabra viva de Dios. En Él todas las promesas se cumplen. La promesa por excelencia de "Yo seré su Dios y ellos serán mi pueblo" se cumplió en la encarnación de Cristo, en su vida perfecta y su muerte en sacrificio por nosotros. Su vida entera, con su muerte y resurrección, es un recordatorio, un ebenezer de la fidelidad constante de Dios. Dios es un Dios que guarda su pacto. Lo que Él promete, lo hará.

Quienes estamos en Cristo podemos saber que todas las promesas de Dios nos pertenecen: "porque todas las promesas de Dios son en él Sí, y en él Amén, por medio de nosotros, para la gloria de Dios" (2 Corintios 1:20). No tenemos que reclamarlas. Ya nos pertenecen. Todo lo que Dios nos promete en su Palabra es sí en Cristo, y esto incluye sus promesas a los que le temen.[1]

---

1. Esta sección se inspira en un escrito mío: "Promises Made, Promises Kept", *Place for Truth*, 11 de julio de 2017, Alliance of Confessing Evangelicals, https://www.placefortruth.org/blog/promises-made-promises-kept.

Echemos un vistazo a algunas promesas extraordinarias que Dios tiene para los que le temen.

Las promesas de Dios para los que le temen

Promesas de liberación

El pueblo de Dios enfrentó temor muchas veces. Experimentó hambre y sed, incertidumbre, pobreza, adversidad y enfermedad; enfrentó enemigos más poderosos que ellos. Con todo, Dios les prometió: "No olvidaréis el pacto que hice con vosotros, ni temeréis a dioses ajenos; mas temed a Jehová vuestro Dios, y él os librará de mano de todos vuestros enemigos" (2 Reyes 17:38-39).

La Biblia nos dice que las cosas que se escribieron antes son para enseñarnos (Romanos 15:4). Lo que sucedió en la vida de los hijos del pueblo de Israel sirve como ejemplo del que podemos aprender. ¡Podemos aprender mucho de Israel! Dios escogió a su pueblo entre todos los pueblos sobre la tierra no porque en ellos hubiera algo especial, sino porque Él los amó (Deuteronomio 7:6-8). Él los apartó y los santificó. Dios quiso que llevaran una vida diferente a las naciones vecinas. Su propósito era que siguieran su ley y anduvieran en sus caminos. Dios pactó ser su Dios y habitar en medio de ellos. Ellos, a su vez, debían obedecerle.

> La promesa por excelencia de "Yo seré su Dios y ellos serán mi pueblo" se cumplió en la encarnación de Cristo, en su vida perfecta y su muerte en sacrificio por nosotros. Su vida entera, con su muerte y resurrección, es un recordatorio, un ebenezer de la fidelidad constante de Dios.

Cuando leemos el Antiguo Testamento, vemos lo que sucedió. Israel dudó de Dios. Murmuraron y se quejaron. Temieron a las naciones vecinas. Poco a poco, pero de manera decidida, empezaron a andar en sus propios caminos y abandonaron las normas y las leyes de Dios. Desearon ser como los demás. Se fabricaron ídolos de oro, madera y piedra, a los que adoraron, y tomaron mujeres extranjeras como esposas. Cuando se veían en dificultades confiaron en dioses falsos y en otras naciones para que los libraran. A lo largo de generaciones, Dios envió muchos profetas que los llamaron a volverse a Él y, en ocasiones, lo hicieron, aunque no por mucho tiempo.

Nuestros corazones son como los corazones de los israelitas. También somos rebeldes y errantes. Aunque deseamos obedecer y agradar a Dios, no somos constantes y a menudo nos apartamos de Él. Con todo, en este lado de la historia de la redención, tenemos algo que Israel no tenía. Tenemos a Alguien que ellos vieron de lejos y esperaron: Jesucristo. Él es nuestro libertador. Él nos libró de nuestro peor enemigo, el pecado; por medio de su muerte en la cruz conquistó el pecado y nos liberó de sus cadenas. ¡Alabado sea Dios por su gracia que nos hizo libres a pesar de nuestros caminos errados!

La Biblia nos enseña que Dios es nuestro libertador y que Él promete salvar a quienes le temen:

> El rey no se salva por la multitud del ejército,
> Ni escapa el valiente por la mucha fuerza.
> Vano para salvarse es el caballo;
> La grandeza de su fuerza a nadie podrá librar.
>
> He aquí el ojo de Jehová sobre los que le temen,
> Sobre los que esperan en su misericordia,
> Para librar sus almas de la muerte,
> Y para darles vida en tiempo de hambre (Salmo 33:16-19).

Este salmo revela que aparte de Dios nada ni nadie puede salvar. No nos salvarán aquellas cosas en las que ponemos nuestra esperanza y confianza, como estrategias, metas, listas, blogs o podcasts. No nos salvará un cambio de circunstancias, una relación o un nuevo trabajo. No nos salvarán la comodidad o el placer. Solo Dios puede salvar.

Cuando enfrentes una situación inquietante o temible, recuerda la historia de Israel. Su ejemplo nos recuerda que la vida y la esperanza solo se hallan en Dios. Él es nuestro libertador. Que podamos decir:

> Nuestra alma espera a Jehová;
> Nuestra ayuda y nuestro escudo es él.
> Por tanto, en él se alegrará nuestro corazón,
> Porque en su santo nombre hemos confiado
> (Salmo 33:20-21).

Dios promete satisfacción en Él

Dios también promete satisfacción a aquellos que le temen:

> El temor de Jehová es para vida,
> Y con él vivirá lleno de reposo el hombre;
> No será visitado de mal (Proverbios 19:23).

La palabra griega traducida *reposo* significa saciado o satisfecho.[2] Algunas traducciones usan la palabra *contento*. Quienes temen al Señor experimentan un contentamiento profundo y constante.

Aunque el contentamiento es una de las aspiraciones del cristiano, muchas veces parece esquivo. Nos sentimos insatisfechas con nuestro trabajo, con nuestra casa o con nuestro lugar en la vida y desearíamos tener más contentamiento. Pareciera un secreto que otros han logrado descubrir y que prefieren no revelar. El apóstol Pablo escribió acerca de su propio contentamiento en Filipenses 4: "No lo digo porque tenga escasez, pues

---

2. *Strong's Concordance*, s.v. "*sabea*", https://biblehub.com/hebrew/7649.htm.

he aprendido a contentarme, cualquiera que sea mi situación. Sé vivir humildemente, y sé tener abundancia; en todo y por todo estoy enseñado, así para estar saciado como para tener hambre, así para tener abundancia como para padecer necesidad. Todo lo puedo en Cristo que me fortalece" (vv. 11-13).

Pablo escribió el libro de Filipenses cuando estaba en la cárcel. Como prisionero, dependía de la generosidad de las iglesias para su sustento. En aquellos días, los prisioneros no recibían alimentación del gobierno. Tampoco ropa ni atención médica. Justo antes de estos versículos, en Filipenses 4, Pablo menciona que la iglesia de Filipo ofrendó para suplir sus necesidades (v. 10). Sin embargo, en última instancia, Pablo confiaba y dependía de Dios para sus necesidades, con o sin la ayuda de las iglesias. Él aprendió a contentarse en toda situación que Dios pusiera en su camino, ya fuera abundancia o escasez, porque él confiaba en Cristo como su fortaleza. Pablo estaba satisfecho en Dios.

Aparte de Dios nada ni nadie puede salvar. No nos salvarán aquellas cosas en las que ponemos nuestra esperanza y confianza, como estrategias, metas, listas, blogs o podcasts. No nos salvará un cambio de circunstancias, una relación o un nuevo trabajo. No nos salvarán la comodidad o el placer. Solo Dios puede salvar.

Los que temen al Señor saben que Él es más grande que cualquier carencia. Él es dueño de millares de animales en los montes. Él conoce cada una de nuestras necesidades. Él es un buen Padre. Y Él nos conoce. ¡El Dios del universo nos conoce! Somos valiosas para Él. Somos sus amadas. Por lo tanto, siempre estamos completas y satisfechas. No hay nada más que necesitemos, porque tenemos aquello que más necesita nuestro corazón: Dios mismo. Por eso, el salmista podía decir que, más que cualquier otra cosa, prefería estar en la presencia de Dios:

Porque mejor es un día en tus atrios que mil fuera de ellos.
Escogería antes estar a la puerta de la casa de mi Dios,
Que habitar en las moradas de maldad (Salmo 84:10).

Cuando estés en una situación de falta de provisión, recuerda todo lo que tienes en Cristo. Cuando temas no tener lo suficiente para mañana, recuerda Aquel que satisface tu alma. Porque si Dios estuvo dispuesto aun a entregar a su propio Hijo para redimirte del pecado, ¿cómo puedes creer que Él no proveerá todo lo que necesites? (ver Romanos 8:32). Goza de la plenitud y la satisfacción de Dios.

Dios promete una amistad con Él

La amistad es un gran tesoro. Toda persona que tiene un amigo puede dar fe del valor de una buena amistad que ofrece compañerismo, comprensión y confianza. La amistad es más que simplemente tener cosas en común con otra persona. Es tener a alguien en quién confiar en momentos de angustia. Es tener a alguien que te escuche, alguien que camine a tu lado en momentos difíciles, alguien que te diga la verdad cuando nadie más puede hacerlo. Es tener a alguien a quien puedes confiar tus secretos, temores e inquietudes.

El Salmo 25:14 nos dice: "La comunión íntima de Jehová es con los que le temen, y a ellos hará conocer su pacto". La intimidad es algo que disfrutas con amigos cercanos a quienes les revelas secretos, por lo que algunas traducciones bíblicas usan la palabra *amistad* en lugar de *comunión*. Gozamos de comunión íntima con Dios; Él es nuestro amigo. El secreto de Dios es su pacto, su ley, sus mandamientos. En última instancia, su secreto se encuentra en la Palabra hecha carne (Colosenses 2:2-3). Dios reveló su plan de redención por medio de Cristo: "Todas las cosas me fueron entregadas por mi Padre; y nadie conoce al Hijo, sino el Padre, ni al Padre conoce alguno, sino el Hijo, y aquel a quien el Hijo lo quiera revelar" (Mateo 11:27). ¡Qué privilegio es conocer a Cristo y ser conocida por Él! A diferencia de quienes no temen al Señor, nosotras podemos entender y atesorar los secretos de Dios: "Porque Jehová abomina al perverso; mas su comunión íntima es con los justos" (Proverbios 3:32).

Jesús reiteró esta verdad cuando dijo a los discípulos: "Nadie tiene mayor amor que este, que uno ponga su vida por sus amigos. Vosotros sois mis amigos, si hacéis lo que yo os mando. Ya no os llamaré siervos, porque el siervo no sabe lo que hace su señor; pero os he llamado amigos, porque todas las cosas que oí de mi Padre, os las he dado a conocer" (Juan 15:13-15). Un amigo es alguien que sacrifica su vida por el otro. Jesús se sacrificó por nosotras en la cruz. Jesús también dijo que Él comunicó todo lo que su Padre le confió, algo que no se hace por los siervos sino por los amigos. Nosotras somos sus confidentes. Nosotras sabemos lo que Él atesora y ama. Y, cuando le obedecemos, revelamos que somos, en efecto, sus amigas.

La amistad con el Señor es una bella promesa en la que debemos alegrarnos. Me encanta lo que dijo una vez Charles Spurgeon acerca de la amistad con el Señor: "¡Vaya! Poder decir 'Cristo es mi amigo' es uno de los deleites más grandes que pueden existir".[3] Jesús es ese amigo más cercano que un hermano. Su amor por nosotras es incondicional y existe desde la eternidad. Su amor no depende de algo que hayamos hecho, porque Él nos amó cuando no había nada en nosotras que mereciera amor. Su amor no es inconstante ni pasajero. Él no hace promesas que luego no cumple. Él no nos da la espalda ni nos rechaza. A diferencia de otras amistades que vienen y van, Jesús nunca nos dejará ni nos abandonará. Jesús no solo quiere lo mejor para nosotras, sino que sabe lo que es mejor para nosotras y vela para que nos suceda lo mejor. Él obra de

---

3. Charles Haddon Spurgeon, "A Faithful Friend", *New Park Street Pulpit*, vol. 3, 8 de marzo de 1857, The Spurgeon Center for Biblical Preaching at Midwestern Seminary, www.spurgeon.org/resource-library/sermons/a-faithful-friend#flipbook/.

tal modo que cada detalle de nuestra vida nos ayude a bien y lo glorifique. Él nos escucha, nos consuela, nos guía, sabe lo que necesitamos incluso antes que nosotras mismas, y obra en nosotras para transformarnos en su propia imagen justa.

Jesús es el mejor y más perfecto amigo.

Dios promete deleitarse en ti

¿Alguna vez te has preguntado cómo se siente Dios respecto a ti? El Salmo 147:10-11 dice:

> No se deleita en la fuerza del caballo,
> Ni se complace en la agilidad del hombre.
> Se complace Jehová en los que le temen,
> Y en los que esperan en su misericordia.

Al Señor no le impresionan la fuerza ni el poder de sus criaturas. Él no se complace en las grandes capacidades humanas. Antes bien, el Señor se deleita en aquellos que le temen. Él se deleita en aquellos que confían en Él para recibir esperanza, salvación y liberación. Él se alegra cuando dependemos de su misericordia y no de nosotras mismas. A nosotras nos gusta dar cosas buenas a quienes amamos y en quienes nos deleitamos, y Dios hace lo mismo por nosotras: "Porque Jehová tiene contentamiento en su pueblo; hermoseará a los humildes con la salvación" (Salmo 149:4).

> Jesús es ese amigo más cercano que un hermano. Su amor por nosotras es incondicional y existe desde la eternidad. Su amor no depende de algo que hayamos hecho, porque Él nos amó cuando no había nada en nosotras que mereciera amor.

Dios se deleita en nosotras porque nosotras nos deleitamos, como conviene, en Él. La Confesión de Westminster dice que nuestro propósito en la vida es "glorificar a Dios y gozar de Él para siempre".

Debemos vivir para la honra, la gloria y la alabanza de Aquel que nos hizo. Debemos encontrar nuestro gozo en lo que Él es y en lo que Él ha hecho. Cuando tememos al Señor, cuando nuestra respuesta es asombro, reverencia, adoración y amor, Él se complace en nosotras. Al respecto, el salmista escribió:

> Gócense y alégrense en ti todos los que te buscan,
> Y digan siempre los que aman tu salvación:
> Engrandecido sea Dios (Salmo 70:4).

El placer y el deleite de Dios en nosotras se fundamenta en nuestra unión con Cristo. Así oró Él en Juan 17:23: "Yo en ellos, y tú en mí, para que sean perfectos en unidad, para que el mundo conozca que tú me enviaste, y que los has amado a ellos como también a mí me has amado". Somos amadas por Dios en Cristo Jesús. Él nos ama tanto como ama a su Hijo. ¡Qué verdad más extraordinaria! Con todo, no es por algo que hayamos hecho; Él no se deleita en nosotras a causa de nuestras buenas obras. Dios se deleita en nosotras por causa de Cristo. Él nos mira a nosotras y ve la vida justa que vivió Jesús a nuestro favor. Cuando pecamos, Jesús intercede por nosotras y Dios acepta su pago en nuestro lugar. Somos uno en Cristo y gozamos que Dios se deleite en nosotras. De hecho, las Escrituras nos dicen que Dios se goza sobre los redimidos:

> Jehová está en medio de ti, poderoso, él salvará; se gozará sobre ti con alegría, callará de amor, se regocijará sobre ti con cánticos (Sofonías 3:17).

¡Gocémonos en la promesa del deleite de Dios en nosotras!

Dios promete ser tu maestro

Otra promesa que disfrutan quienes temen al Señor es la instrucción divina. Él promete ser nuestro maestro: "¿Quién es el hombre que teme a Jehová? Él le enseñará el camino que ha de escoger" (Salmo 25:12). Dios nos llevará y guiará por el camino de la vida. Él nos enseñará el camino de la sabiduría. Él dirigirá nuestros caminos: "Te haré entender, y te enseñaré el camino en que debes andar; sobre ti fijaré mis ojos" (Salmo 32:8). El Señor velará sobre nuestro andar y se asegurará de que lleguemos a la eternidad.

En Juan 14, Jesús enseñó que Él es el camino, la verdad y la vida. Por medio de Jesús venimos al Padre. Él es el camino a la salvación y a la vida eterna con Dios: "Pero sabemos que el Hijo de Dios ha venido, y nos ha dado entendimiento para conocer al que es verdadero; y estamos en el verdadero, en su Hijo Jesucristo. Este es el verdadero Dios, y la vida eterna" (1 Juan 5:20). Por medio de la Palabra de Dios conocemos a Jesús y el camino de la vida. A medida que leemos, estudiamos y meditamos en las Escrituras, vemos con mayor claridad el camino. En efecto, a veces el camino es angosto y el terreno difícil, pero Jesús ha preparado el camino. Vemos la manera en que Él anduvo y seguimos sus pisadas. Caminamos con los ojos puestos en Él.

En ocasiones olvidamos la enseñanza del Señor. En ocasiones los afanes de esta vida nos distraen. En ocasiones, incluso, dejamos a un lado la instrucción del Señor, porque somos inconstantes y nos distraemos con facilidad. Juan Bunyan nos recuerda que, aun cuando nos desviamos de la instrucción de Dios, Él se asegura de que encontremos el camino de regreso a Él:

> Pues bien, el Señor al que temes no te dejará en tu ignorancia ni te entregará al poder de tus enemigos ni a sutilezas, sino que se encargará de ser tu maestro y tu guía, y de conducirte en el camino que has escogido. Escucha, pues, y admira tu privilegio, tú que temes al Señor; y a cualquiera que se desvíe, se aparte y deje el camino de la salvación, cualquiera

que sea ignorante y esté perdido en la oscuridad, volverá al camino al cielo y a la gloria que ha escogido.[4]

Dios te promete el bien

En un capítulo anterior vimos el carácter de la bondad de Dios. Él es absolutamente bueno y solo hace lo que es bueno. Dios también promete el bien a quienes le temen:

> Gustad, y ved que es bueno Jehová;
> Dichoso el hombre que confía en él.
> Temed a Jehová, vosotros sus santos,
> Pues nada falta a los que le temen.
> Los leoncillos necesitan, y tienen hambre;
> Pero los que buscan a Jehová no tendrán falta de ningún bien (Salmo 34:8-10).

En este salmo, David nos llama a experimentar la bondad de Dios, a gustarla y verla. Él no quiere que traguemos entero lo que Dios nos da sin detenernos a saborear y apreciar su bondad para con nosotras. David nos llama luego a confiar en Dios, porque Él bendecirá a sus hijos con todo lo que es bueno.

> Deléitate asimismo en Jehová, y él te concederá las peticiones de tu corazón (Salmo 37:4).

La pregunta es ¿cuál es el bien que Dios nos da? Algunas personas leen pasajes como este y creen que Dios las bendecirá con cosas materiales. En efecto, Dios bendice en ocasiones a sus hijos con bienes materiales, pero no siempre. Hay quienes leen estas promesas y creen que esto significa que Dios los sanará de todas sus enfermedades. Dios, en efecto, sana a veces nuestras enfermedades. Pero no siempre.

4. Bunyan, *Treatise on the Fear of God*, 80.

Cuando leemos promesas bíblicas como esta, debemos leerlas en el contexto general de las Escrituras. A partir de otros pasajes sabemos que Dios usa circunstancias como pobreza, enfermedad y otras formas de sufrimiento para nuestra santificación y su gloria. Sabemos que Él no promete una vida fácil ni libre de preocupaciones para sus hijos. Lo que sí promete es una vida transformada. Él promete usar todas las situaciones y circunstancias de nuestra vida para nuestro bien. A veces será para nuestro bien que nos sane de la enfermedad; en otras ocasiones, será para nuestro bien que no lo haga. A veces es para nuestro bien que nos bendiga con buenos trabajos y compensación económica; en otras ocasiones es para nuestro bien que nos contentemos con menos y confiemos en Él para la provisión de nuestras necesidades. Sea lo que sea que Dios nos da, lo usará para santificar nuestros corazones, acercarnos a Él, mostrarnos nuestra necesidad de Cristo y glorificarse.

El Salmo 37:4 nos recuerda que, cuando nuestro corazón se ajusta a los designios del Señor, Él nos da lo que más queremos: "Deléitate asimismo en Jehová, y él te concederá las peticiones de tu corazón". Pido que nuestro deseo sea gustar y ver la bondad del Señor. Que deseemos lo que Él desea. Y que Él nos prodigue su bondad.

Como puedes ver, hay muchas promesas para los que temen al Señor. ¡Y cuán ricas y gloriosas son estas promesas! Dado que todo lo que el Señor promete se cumple, podemos esperar grandes cosas de nuestro Dios fiel a sus promesas.

Guía de estudio

Capítulo 8: Promesas de Dios para los temerosos

Preguntas introductorias:

¿Cuáles son algunas promesas de Dios a las que te aferras? ¿Por qué confías en esas promesas?

Lee y comenta:

*1. ¿Por qué las promesas que hemos leído en este capítulo son solo para quienes temen al Señor?

*2. Lee el Salmo 115. ¿Qué dice acerca de la confianza y el temor del Señor? ¿Cuáles son algunas promesas para aquellos que le temen?

*3. Lee el Salmo 103. ¿Cuáles son algunos atributos de Dios que menciona el pasaje? ¿Qué nombre se usa allí para Dios? ¿Qué nos dice acerca de lo que Dios ha hecho? ¿Qué promesas hay en este pasaje para quienes temen a Dios?

___

___

___

___

*4. Comenta lo que enseña el evangelio de la prosperidad en comparación con el evangelio bíblico. ¿Cuál es el concepto que tiene el evangelio de la prosperidad acerca de las promesas de Dios? ¿Cómo vemos las promesas de Dios a la luz del evangelio?

___

___

___

___

5. Lee y comenta estas promesas adicionales para los temerosos:

Salmo 34:7

___

___

Salmo 111:5

___

___

Salmo 112:1-3

___

___

Salmo 128

Proverbios 19:23

Proverbios 31:30

*6. Muchos pasajes que hemos leído prometen cosas como vida, liberación, salvación, bondad y bendición. ¿Cómo vemos estas promesas cumplidas en Cristo?

7. ¿Cuáles de las promesas que has leído te llaman más la atención? ¿Por qué?

*8. ¿Qué lecciones extraes de este capítulo?

Oración:

Ora agradeciendo a Dios específicamente por las promesas que Él ha dado. Ora que puedas creerlas no porque tengas una gran fe, sino porque tenemos un Dios que cumple sus promesas.

Conclusión

Una vida de temor santo

Hemos llegado al final de nuestro viaje en el que aprendimos acerca del temor santo del Señor, o al menos hemos concluido en lo que respecta a este libro. La aventura de nuestros corazones apenas comienza. Crecer en el temor del Señor es un propósito para toda la vida, uno que recorremos cada día de nuestra existencia. Tal vez por eso la Biblia hable tanto de este temor.

Te animo a que sigas leyendo y estudiando la Palabra de Dios, porque en ella encontrarás el temor del Señor entretejido en cada libro y en cada página. Encontrarás más y más razones para temer al Señor por encima de todo. Verás más ejemplos de quienes temieron al Señor y quienes no. Descubrirás más bendiciones y promesas para quienes temen a Dios.

Con el tiempo, Dios se volverá más y más grandioso delante de tus ojos, mucho más que tus temores menores. Aunque los temores de este mundo van a existir siempre, hasta que regrese Cristo, tu temor al gran YO SOY debilitará esos temores menores. Perderán control sobre tu vida. Aunque estos temores persistan en algunos aspectos de tu vida y te recuerden que están presentes, su poder se disipará frente a tu Dios glorioso. Cada vez que un temor menor asalte, echa mano de la verdad de quién es Dios y lo que Él ha hecho.

Quiero dejarte algunas sugerencias que te permitirán hacer un seguimiento al proceso de crecer en el temor del Señor. Son hábitos y actividades que te ayudarán a mantener tu mirada fija en Dios. Somos olvidadizas y nos distraemos con facilidad. Necesitamos prácticas diarias que nos mantengan firmes. Las siguientes prácticas te ayudarán en tu esfuerzo de cultivar una vida de temor santo.

- Lee y medita con frecuencia en los siguientes pasajes, para que recuerdes cuán grande y poderoso es tu Dios: Salmo 139, Isaías 6, Apocalipsis 5.
- Estudia el significado de los diferentes nombres de Dios a lo largo de la Biblia. Haz lo mismo con los nombres de Jesucristo.
- Estudia el carácter y los atributos de Dios. Lee libros acerca de la doctrina de Dios. Estudia y aprende acerca de las personas de la Trinidad.
- Cultiva el hábito diario de recordar y apropiarte del evangelio en tu vida. Alaba al Señor por lo que Él ha hecho por ti en Cristo. Usa pasajes como estos para predicarte el evangelio a ti misma: Juan 1:12, Romanos 4:23-25 y 8:1, 1 Corintios 15:3-4, 2 Corintios 5:21 y Efesios 2:4-5.
- Pasa tiempo en la naturaleza disfrutando de la creación de Dios y exaltándolo por lo que aprendes acerca de Él a través de la formidable obra de sus manos.
- Lee los Salmos y fíjate en cómo el salmista expresa sus temores al Señor. Escribe tu propio lamento conforme al

modelo de los salmos en el que expreses tanto tus temores como tu confianza en tu gran Dios. (En mi libro anterior, *A Heart Set Free*, explico cómo hacerlo).

- Anota tus oraciones y las respuestas de Dios a esas oraciones. Léelas con frecuencia para recordar la fidelidad de Dios.
- Memoriza un salmo u otro pasaje de las Escrituras que te recuerde que Dios es tu refugio y tu fortaleza ante los temores. Algunos pasajes pueden ser: Salmo 27 o 46, Isaías 41:10, Romanos 8:31-39.
- Escucha himnos y cantos de alabanza que te recuerdan lo que Dios es y lo que Él ha hecho.
- No dejes de congregarte con el pueblo de Dios para adorar en el día del Señor. Incluye la adoración como parte de tu vida diaria. Dedica tiempo a honrar, exaltar y alabar al Señor por lo que Él es y lo que Él ha hecho.

Agradecimientos

Muchas guerreras de oración me han ayudado a elevar este proyecto al Señor. Estoy agradecida con Karen Hodge y con el resto del equipo del ministerio femenil PCA por su aliento y sus oraciones. Gracias también a mi pequeño grupo en ECPC que ora por mí y por mi ministerio de escritura. Estoy agradecida por mis colegas escritores que oran por mí y me animan a seguir adelante con mi escritura, entre ellas Holly Mackle, Megan Hill y Sarah Ivill.

Gracias, Lisa Tarplee, por mostrarme mi identidad en Cristo cuando olvido y necesito ese recordatorio. Estoy agradecida por tu amistad en el evangelio.

Gracias a Susan Hunt por su ánimo y por su guía cuando más la necesito. Gracias también a mi amiga Maryanne Helms, con quien compartimos la afición por el café, por sus oraciones y apoyo.

Gracias a Judy, mi suegra, por su testimonio de confianza en el Señor que ha alentado mi corazón y me ha recordado la bondad de Dios.

Estoy agradecida con mi agente, Don Gates, por su labor con la cual me ha ayudado. Gracias a Reformation Heritage Books y a Jay Collier por creer en este proyecto.

Estoy agradecida con mis lectores y con las muchas mujeres a quienes he encontrado cuando he sido oradora en eventos, conferencias y retiros ministeriales. Es un gozo servir a la iglesia como escritora y oradora. No solo tengo la oportunidad de animar a otros, sino que además soy bendecida siempre. Puedo identificarme con las palabras de Pablo en Romanos 1:11-12: "Porque deseo veros, para comunicaros algún don espiritual, a fin de que seáis confirmados; esto es, para ser mutuamente confortados por la fe que nos es común a vosotros y a mí".

A mi familia, George, Ethan e Ian, gracias por apoyar de manera constante mi trabajo, por su ánimo y sus oraciones. Estoy agradecida y los amo.

Ante todo, estoy agradecida con el Señor por la oportunidad de escribir este proyecto que me ha apasionado por tanto tiempo. Estoy agradecida por el tiempo que tuve para escudriñar la Palabra de Dios y apartar mi corazón de temores menores para cultivar un temor santo y supremo.